NOTES

POUR SERVIR

A UN NOBILIAIRE DE MONTPELLIER.

NOTES

POUR

SERVIR A UN

NOBILIAIRE

DE MONTPELLIER;

PAR

Ch. De TOURTOULON.

Amicus Plato, sed magis amica veritas.

En prenant des titres qui ne vous appartiennent pas, vous faites douter de ceux qui vous appartiennent.

A. DE T.

MONTPELLIER,

TYPOGRAPHIE DE PIERRE GROLLIER, RUE DES TONDEURS, 9.

1856.

AVANT-PROPOS.

———

A QUOI bon un livre sur la noblesse,
dira-t-on, aujourd'hui qu'elle a perdu sa
splendeur et ses priviléges?

A quoi bon exhumer les codes vermoulus
d'une institution dont quatre-vingt-neuf a
effacé les prérogatives; décrire, dans des
termes vieillis, des armoiries que personne
ne comprend plus, que le siècle présent
dédaigne?

A quoi bon?

A fort peu de chose, sans doute.

La noblesse a perdu, il est vrai, son ancienne importance ; elle n'est plus un corps dans l'État, jouissant de droits distincts, régi par des lois particulières ; elle ne vit plus que dans les souvenirs du passé, jetant un lointain éclat sur l'histoire du pays, mais ne pouvant en aucune façon éblouir de sa splendeur l'époque actuelle.

Et cependant, combien de gens n'ambitionnent-ils pas encore cette distinction, toute décolorée qu'elle paraisse ?

N'a-t-on pas vu, au commencement de ce siècle, les plus farouches contempteurs des titres et des dignités se laisser prendre à l'appât flatteur d'un cordon ou d'une qualification nobiliaire ? Ne voyons-nous pas, en l'an de grâce 1856, bien des noms se dénaturer, s'allonger dans tous les sens, pour laisser supposer une antique origine ?

Financiers, industriels, journalistes,

hommes de lettres, hommes d'État, il est une heure dans votre vie, convenez-en, où la particule aristocratique vous tente. A défaut de votre aveu, il ne faut, si l'on veut s'en convaincre, que jeter les yeux sur un annuaire, sur le titre d'un livre, sur les colonnes d'un journal, pour voir galoper cette particule, prétendue surannée, devant la plupart des noms, devant la plupart des pseudonymes.

La vanité est de tous les temps et de tous les pays : elle est inhérente au cœur de l'homme. Aujourd'hui, comme autrefois, on crie contre la noblesse, et chacun pourtant veut s'en créer une à sa taille. Chacun cherche, dans le mérite de ses pères, de quoi alimenter sa vanité.

Tel qui chantait naguère avec bonheur :

« La Noblesse est trop abusive ;
» Ne parlons plus de nos aïeux..... »

parle sans cesse, maintenant, de son père et de son aïeul, dont les économies lui ont bâti le palais qu'il habite.

Nobles, bourgeois, artisans, nous avons tous nos aïeux. N'en rougissons pas lorsqu'ils n'ont sur le front aucune tache. Permettons à chacun d'en parler en toute liberté ; on est heureux de pouvoir le faire sans crainte et sans honte.

Mais à une époque où tant de gens s'arrogent la noblesse de leur propre autorité, et sont souvent les premiers à contester aux autres les titres les moins douteux, il serait plus que jamais nécessaire de dévoiler les usurpations que la loi ne peut plus réprimer, et de rétablir la vérité les preuves à la main ; de pouvoir dire à celui-ci : le nom aristocratique dont vous doublez votre nom vulgaire ne vous appartient pas ; vous l'avez tiré, un de ces jours, on ne sait d'où pour

donner à l'étoffe quelque valeur par la dou-
blure ; à celui-là : le titre dont vous vous
décorez est faux, c'est un joyau de strass
qui n'éblouit personne ; à cet autre : pourquoi disloquer votre nom en introduisant
entre ses lettres, jusqu'à présent étroitement
unies, une apostrophe que l'on n'avait jamais
remarquée à cette place ? Au lieu de défigu-
rer le nom de vos pères, ne vaudrait-il pas
mieux le relever et l'ennoblir par le mérite
de vos actions ?

Les billets de faire part, dont notre siècle
abuse, sont un moyen commode et facile de
faire connaître à chacun, à l'occasion d'un
décès ou d'un mariage, les lettres patentes
de noblesse que l'on s'est octroyées soi-
même la veille. Après une promulgation de
ce genre, il n'est plus permis à personne
d'ignorer que M*** est noble par la grâce
de sa volonté.

Ceux qui devraient être les premiers à s'élever contre de pareils abus, semblent les sanctionner par leur silence, et se contentent de leur lancer une épigramme dans le secret de l'intimité. Aussi ces audacieuses usurpations, s'autorisant l'une par l'autre, deviennent de plus en plus fréquentes, et il n'est pas de mois que le Nobiliaire d'une ville ne s'enrichisse d'un nom fraîchement éclos.

Il serait donc nécessaire, nous le répétons, qu'à défaut d'une loi en vigueur, un ouvrage consciencieux vînt porter la lumière au sein de ces ténèbres, et permettre de séparer l'ivraie du bon grain.

Depuis quelques années, on a vu surgir de tous côtés des *Armoriaux de France*, des *Armoriaux universels*, des *Dictionnaires de la Noblesse*, ouvrages de spéculation, dressés à la hâte, sans titres originaux, sans preuves, sur de simples renseignements

fournis par les parties intéressées. On y
chercherait en vain la plupart des familles
nobles, et l'on rencontre à chaque page des
noms dont la noblesse est plus que douteuse.

Ces publications, malheureusement trop
répandues, égarent l'opinion publique, tandis que les ouvrages sérieux qui pourraient
la redresser, la plupart antérieurs à la Révolution, sont devenus fort rares de nos jours,
et se trouvent à la disposition de peu de
personnes.

Il serait à désirer que, dans chaque ville
ou dans chaque province, on pût dresser un
Nobiliaire appuyé sur des titres incontestables, ainsi que l'ont fait M. Bouillet pour
l'Auvergne, M. de Barrau pour le Rouergue.
Mais tout le monde n'a pas l'autorité de la
science, qui permet seule d'entreprendre
une pareille œuvre, et ce serait déjà un
travail utile que de se borner à citer les

auteurs qui ont fait mention de chaque famille noble, en laissant au public le soin de
décider de leur valeur. Ce but est celui que
nous nous sommes proposé. Nous n'avons
voulu faire ni un Nobiliaire ni un Armorial
de la ville de Montpellier, œuvre que nous
voudrions voir entreprendre par quelqu'un
plus compétent que nous. Notre travail est
bien plus modeste, et nous ne nous dissi-
mulons pas qu'il n'a d'autre mérite que
l'exactitude qui a présidé à son exécution.

Il nous était impossible, on le comprend,
de demander à chacun les actes prouvant sa
généalogie, et de décider de la valeur des
titres manuscrits ; c'était sortir du plan que
nous nous étions tracé. Un jour, peut-être,
pourrons-nous, après avoir complété nos
renseignements, exprimer notre opinion sur
chaque famille, et tirer, des documents que
nous aurons recueillis, les conclusions qu'il

ne nous est pas permis de formuler aujour-
d'hui.

Il n'y a, dans le livre que nous offrons
au public, de spéculation d'aucune espèce.
Nous n'avons cherché ni à fonder notre ré-
putation ni à faire notre fortune par ce
moyen : l'ouvrage n'est pas assez considéra-
ble pour cela. Après de consciencieuses recherches, d'autant plus faciles que notre
cadre était plus restreint, nous venons, non
point faire l'éloge de telle famille ou la cri-
tique de telle autre, mais seulement citer
des faits et des dates que tout le monde peut
vérifier et contrôler (1).

---

(1) Nous n'avons puisé nos renseignements que
dans des ouvrages imprimés ou des manuscrits conservés dans des bibliothèques publiques, afin que la
vérification en fût possible à chacun. Quand nous
disons d'une famille que nous n'avons trouvé aucun
renseignement sur elle, il est bien entendu que nous

De cela seul que nous faisons mention d'une famille, il ne s'ensuit pas que nous la déclarions noble ; nous n'avons pas prétendu nous ériger en juge d'armes. Après avoir dressé, pour la ville de Montpellier, la liste de tous les noms nobles ou qui pouvaient passer pour tels, et sans décider si ceux qui les portent appartiennent ou non à la Noblesse, s'ils y ont ou non des prétentions, nous avons écrit au-dessous les renseignements authentiques que nous avons pu nous procurer ; c'est au lecteur à en tirer les conséquences qu'il jugera convenables (1).

---

ne voulons parler que de renseignements pouvant justifier ses prétentions à la noblesse, sans affirmer qu'il ne puisse en exister dans des ouvrages que nous n'avons pu consulter.

(1) On ne s'attend pas sans doute à ce que nous comprenions dans cette liste ceux qui, au su et au vu

Encore une fois , ce livre n'est ni un pamphlet ni une apologie. Si nous avions voulu prêter l'oreille aux *on-dit* , aux insinuations malignes, nous aurions dû souvent baisser d'un ou de deux crans plusieurs noms, en élever d'autant plusieurs autres. « Tel, nous » disait-on tout bas , prend un nom qui n'est » pas celui de sa famille ; tel autre cherche » à s'enter sur une ancienne maison depuis » longtemps éteinte. » Nous n'avions ni mission, ni autorité, pour vérifier l'exactitude de pareilles assertions.

Peut-être trouvera-t-on dans ces *Notes* de quoi étayer certains bruits , de quoi réfu-

---

de tout le monde, ajoutent à leur nom celui de leur propriété, de leur village ou de leur femme, et dont personne ne saurait prendre au sérieux les prétentions nobiliaires. On comprend qu'il nous eût été difficile de trouver des renseignements sur ces familles.

ter certains autres. La vérité, la bonne foi,
voilà nos seuls guides, nos seuls mobiles ;
nous leur avons tout sacrifié, et croyons
être resté fidèle à notre épigraphe : *Amicus
Plato, sed magis amica veritas.*

Qu'on nous pardonne un avant-propos
pour une liste d'une centaine de noms. Il
était nécessaire d'expliquer notre but et nos
intentions, que l'on aurait pu mal inter-
préter.

OBSERVATIONS

SUR

LA NOBLESSE ET LES ARMOIRIES.

———o°o⟩⟨ºo——

Nous avons cru devoir rassembler ici diverses notions éparses dans les nombreux ouvrages publiés, jusqu'à ce jour, sur cette institution si décriée, de parti pris, par certains historiens, et qui cependant, malgré des fautes incontestables, a rendu de si grands services au pays.

La vieille maxime : *Noblesse oblige,* renferme le jugement de la nation entière sur

2

ce corps, auquel la France a dû, pendant
des siècles, la force de ses armées, et qui,
tout en protégeant les arts et les lettres, a
introduit et conservé dans nos mœurs les
sentiments de courtoisie, de loyauté, d'honneur chevaleresque, caractères distinctifs de
la nation française.

Mais cette maxime, restée dans notre langue bien plus que dans nos mœurs, n'est de
nos jours qu'un éclatant hommage rendu à
la vieille noblesse française, et un blâme in-
direct infligé à beaucoup de ses descendants.

Aujourd'hui que la ligne de démarcation
qui séparait les diverses classes de la société,
s'est effacée sous les pas progressifs du siècle, il faut que la noblesse, si elle veut
conserver encore quelque prestige, sache
marcher aux premiers rangs de la nation par
les sentiments et par l'intelligence, comme
elle l'a toujours fait par son courage. Il faut
que la bourgeoisie, si elle veut acquérir de
la noblesse ce qu'on peut en acquérir, dé-
pouille les mesquines rancunes et les basses
jalousies de ses pères, et revête quelques-

unes des vertus qui distinguaient l'ancienne chevalerie.

Notre époque n'autorise plus l'orgueil de la naissance, elle n'autorisera jamais celui de la fortune. Des airs de hauteur, une morgue insolente, une vie futile et désœuvrée n'ont jamais caractérisé le vrai gentilhomme, et ne sauraient élever jusqu'à lui ceux qui veulent lui ressembler. S'il est vrai que *noblesse oblige*, que les gentilshommes nos contemporains prennent garde de ne pas convertir, par leurs actions, en terme de mépris ce beau titre que François Ier et Henri IV s'honoraient hautement de porter. La Régence, le siècle de Louis XV, seront les reproches éternels que l'on jettera à la face de la noblesse française. De nos jours, si les mêmes erreurs lui valaient les mêmes reproches, aurait-elle un Fontenoy pour les faire excuser?

§ 1er.

Tous les nobles étaient égaux de droit, et l'on n'a jamais pu dire que l'un d'eux fût plus noble qu'un autre. Cependant on admettait généralement entre eux des distinctions, basées sur l'origine et l'ancienneté de leur famille.

Les axiomes si connus et qui avaient cours partout :

« Le roi peut faire des nobles, mais la naissance seule fait les gentilshommes ; »

« Tout gentilhomme est noble, mais tout noble n'est pas gentilhomme, » indiquent une différence de signification entre les mots *noble* et *gentilhomme*, que l'on pourrait croire synonymes. *Noble*, en effet, est le terme générique servant à désigner tous les membres de la noblesse ; mais au premier rang, parmi eux, se trouvaient les *gentils-hommes* ou nobles de race, que l'on distinguait des *anoblis*, nés de famille roturière et faits nobles par la grâce du souverain, ou par la charge dont ils étaient investis.

Les gentilshommes se distinguaient eux-mêmes en gentilshommes d'ancienne chevalerie ou de nom et d'armes, et en gentilshommes de naissance.

Les premiers descendaient d'anciens chevaliers, jouissant de temps immémorial des prérogatives de la noblesse et qui, par conséquent, n'avaient jamais été anoblis.

On ne peut pas dire d'une manière absolue, comme l'ont fait certains auteurs, que les seules familles de nom et d'armes sont celles qui portent le nom d'une seigneurie. Il est vrai que, à l'époque où les noms de famille commencèrent à être en usage en France, c'est-à-dire dans le courant du XIe siècle, la plupart des seigneurs tirèrent leur nom du fief qu'ils possédaient. Quelquefois cependant un surnom, une dignité, un titre, transmis de père en fils pendant plusieurs générations,

ont été l'origine du nom patronymique : c'est
ainsi que se sont formés les noms des familles Chabot, Tournemine, Le Sénéchal et
de beaucoup d'autres anciennes et illustres.

Pierre Palliot, dans son ouvrage sur l'art
du blason, donne pour exemples de maisons
de nom et d'armes des familles qui ont des
armes parlantes, comme celles de Créquy,
de Croix, de La Tournelle, de Boubers, etc.;
mais il y a beaucoup de maisons, des plus
anciennes et des plus incontestables, qui ne
portent pas des armes de cette espèce.

La noblesse d'ancienne chevalerie avait
une origine toute militaire, fondée sur la
bravoure de ses auteurs, et par cela même
elle était la plus estimée. Plus tard, on put
croire que la faveur était pour quelque chose
dans les anoblissements accordés par le souverain.

Il existait cependant une sorte d'anoblissement, dernier reflet des institutions che-
valeresques du moyen-âge, et que l'on peut
considérer comme faisant la transition entre
l'ancienne chevalerie et les anoblissements

par les moyens ordinaires. Lorsque le roi
armait chevalier l'un des officiers de ses
armées, ce dernier, s'il n'était pas noble,
acquérait par-là la noblesse et la transmettait
à sa postérité. Henri IV est le dernier roi de
France qui ait armé des chevaliers.

La seconde catégorie de gentilshommes,
celle des gentilshommes de naissance, était
formée par les descendants des anoblis, mais
il fallait pour cela quatre degrés au moins
depuis l'anoblissement. Les descendants des
anoblis devenaient donc, avec le temps,
gentilshommes de naissance, mais jamais
gentilshommes de nom et d'armes.

On pouvait être anobli de plusieurs ma-
nières :

Par lettres du souverain,

Par la collation d'une charge conférant la
noblesse,

Par l'investiture d'un fief de dignité donnée
par le roi,

Ou, comme nous l'avons dit plus haut,
en étant armé chevalier.

§ II.

ANOBLISSEMENT PAR LES CHARGES.

Lorsque le souverain accordait à l'un de ses sujets une charge importante du royaume, ou bien l'investiture d'un comté, d'un marquisat, d'une baronie, on supposait, de sa part, un anoblissement tacite.

Quelques charges conféraient une parfaite noblesse transmissible à la postérité du pourvu. Pendant longtemps ce furent seulement :

Les premières dignités de la guerre et de la maison du roi ;

Les offices de Chancelier de France, Garde des sceaux, Conseiller d'État, Maître des requêtes, Secrétaire d'État, Gouverneur et Lieutenant du roi dans les provinces,

Maires et Échevins de certaines villes, au nombre desquels il faut ranger les Capitouls de Toulouse (1).

Les Présidents en Cour souveraine, tous les Officiers du Parlement et de la Cour des Aides de Paris, pourvu qu'ils eussent occupé leur charge pendant vingt ans, ou qu'ils fussent morts dans l'exercice de leurs fonctions (édits de 1644, 1657 et 1659), et les Secrétaires du roi des grandes et petites Chancelleries, aux mêmes conditions (édit de Charles VIII, mars 1484, et de Henri II, septembre 1549), jouissaient aussi de la noblesse au premier degré.

Par un privilége spécial, quelques Parlements et Cours supérieures du royaume étaient assimilés, sous ce rapport, au Parlement de Paris. La Cour des Comptes de Montpellier était dans ce cas, et ce privilége

---

(1) La dignité de premier Consul de la ville de Montpellier ne donnait pas la noblesse; mais, depuis la fin du XVe siècle, c'était toujours un gentilhomme qui était nommé à cette place.

lui fut confirmé par édit du mois de novembre 1690.

D'autres charges conféraient une noblesse purement personnelle à celui qui en était pourvu. Cependant, lorsque le père et l'aïeul de ce dernier avaient exercé les mêmes fonctions chacun pendant vingt ans, ou qu'ils étaient morts investis de leur office, la noblesse devenait héréditaire.

Jusques en 1704, les charges qui anoblissaient à la troisième génération étaient celles de

Conseiller en Cour souveraine,

Auditeur et Correcteur des comptes,

Greffier en chef en Compagnie souveraine,

Trésorier de France,

Capitaine dans les armées,

Prévôt en chef,

Gouverneur des villes et places fortes.

Mais Louis XIV, par un édit en date du mois d'octobre 1704, étendit le privilége de la noblesse au premier degré, moyennant vingt ans de service, aux Officiers de tous les Parlements, Chambres des Comptes,

Cours des Aides, Conseils supérieurs et Bureaux des finances du royaume (1).

On peut ranger l'ordre de Saint-Michel parmi les dignités donnant la noblesse transmissible au premier degré.

L'ordre de Saint-Louis conférait la noblesse héréditaire lorsque l'aïeul, le fils et le petit-fils avaient été successivement chevaliers de cet ordre.

Les membres de la Légion d'honneur pouvaient, sous certaines conditions, obtenir des lettres patentes leur conférant le titre personnel de *chevalier*. En vertu d'une ordonnance de 1816, lorsque l'aïeul, le fils et le petit-fils auront été successivement membres de la Légion d'honneur et auront

---

(1) Il est sans doute superflu de faire observer que des personnes déjà nobles de race étaient très-souvent nommées à des offices anoblissants, et que l'on ne doit pas conclure qu'une famille tire sa noblesse de la robe, de cela seul qu'elle a eu, par exemple, un ou plusieurs de ses membres dans la Cour des Comptes.

obtenu des lettres patentes de chevalier, le petit-fils sera noble de droit, et transmettra la noblesse à tous ses descendants.

§ III.

ANOBLISSEMENT PAR LES FIEFS.

Les premiers rois de France donnèrent à leurs compagnons d'armes des terres libres avec droit de souveraineté absolue, à la condition cependant de rendre foi et hommage au roi, et de porter les armes pour le service de l'État. C'est là, comme chacun le sait, l'origine des fiefs et de la noblesse en France.

Tant que cette noblesse chevaleresque fut forte et florissante, elle conserva le privilége exclusif de posséder des fiefs; « mais à » la longue, dit M. Granier de Cassagnac » (*Histoire des classes nobles*), il arriva de » la noblesse française ce qui était arrivé » à la noblesse grecque et à la romaine :

» elle s'usa à force de servir. Les grandes
» batailles de la seconde race, les croisades,
» les luttes intérieures soutenues par Phi-
» lippe - Auguste et saint Louis, avaient
» semé l'Europe et l'Afrique de cadavres
» blasonnés. Or, la destruction marche bien
» plus vite que la vie ; il faut vingt-cinq ans
» pour produire un homme, il ne faut
» qu'une seconde pour le tuer. Les gentils-
» hommes commençaient donc à manquer
» pour les armées au treizième siècle. C'est
» alors qu'il fut permis aux roturiers de
» posséder des fiefs, et, par conséquent,
» d'entrer dans les armées. »

C'est, en effet, dans les *Établissements* de
saint Louis (en 1270) que l'on trouve, pour
la première fois, la permission accordée aux
roturiers de posséder des fiefs, et d'acquérir
par ce moyen la noblesse à la *tierce foi*,
c'est-à-dire après la troisième génération.
Les successeurs de saint Louis, pour res-
treindre cette sorte d'anoblissement , établirent la taxe des francs-fiefs, payée par le
roturier acquéreur d'un fief noble. En 1445,

Charles VII ordonna *que les Trésoriers de France pourraient contraindre toutes personnes non nobles ou qui ne vivaient pas noblement, de mettre hors de leurs mains tous les fiefs qu'elles possédaient par succession ou autrement, sans en avoir suffisante provision du roi, ou de les en laisser jouir en payant finance au roi, telle que les dits Trésoriers aviseraient.*

Enfin, l'article 258 de l'ordonnance de Blois, rendue par Henri III en mai 1579, déclara *que les roturiers et non nobles achetant fiefs nobles ne seront pour ce anoblis ni mis au rang et degré des nobles, de quelque revenu et valeur que soient les fiefs acquis par eux.* Il fut déclaré dès lors que la terre n'anoblissait pas l'homme, c'est-à-dire qu'un roturier possédant un fief noble, une baronie, un comté ou un marquisat ne devenait pas noble pour cela, ni, à plus forte raison, baron, comte ou marquis ; « car, dit Bel- » leguize (*Traité de la Noblesse*), on croi- » rait injurieux que ce que l'homme fait » pour son service relevât sa condition. »

Mais lorsque l'investiture d'un fief de dignité était donnée par le roi à un roturier, il y avait anoblissement tacite, ce qui n'avait pas lieu lorsque l'investiture était donnée par la Cour des Comptes. Dans ce dernier cas, le roturier possesseur d'un fief de dignité était seulement seigneur d'une baronie, d'un comté, d'un marquisat, mais non pas noble.

§ IV.

ANOBLISSEMENT PAR LETTRES PATENTES.

Les lettres de noblesse accordées, en 1272, par Philippe-le-Hardi à son argentier Raoul, sont regardées, ainsi que chacun le sait, comme le premier exemple de cette sorte d'anoblissement. On cite cependant deux ou trois chartes d'anoblissement octroyées antérieurement à cette époque.

Jusqu'au règne de Charles V, cette faveur ne fut accordée qu'à d'assez rares intervalles et pour des services signalés ; mais, par la suite, les lettres de noblesse devinrent un objet de fraude et de trafic. Un grand nombre de celles qui avaient été obtenues moyennant finance ou subrepticement, furent successivement annulées par édits de Louis XI, de Henri IV (1598), de Louis XIII (1614, 1629, 1634, 1640) et de Louis XIV. Les lettres d'anoblissement étaient sujettes à révocation lorsqu'elles n'étaient pas données avec connaissance de cause, et en énonçant les titres sur lesquels elles étaient rendues.

§ V.

DE LA NOBLESSE UTÉRINE.

On admet généralement que la noblesse se transmet par le père. Il existait cependant une noblesse utérine ou provenant de la mère, que plusieurs coutumes reconnaissaient, et que saint Louis a admise dans ses *Établissements,* où il est dit, « que les femmes nobles transmettent la noblesse à leurs enfants, quoique le père soit roturier, mais que nul ne peut être fait chevalier s'il n'est gentilhomme de parage, c'est-à-dire du côté du père. »

§ VI.

DES DÉROGEANCES.

Disons un mot des dérogeances, ou des causes qui faisaient perdre la noblesse.

C'était d'abord toute profession faisant supposer, dans celui qui l'exerçait, un but de négoce, de trafic, de gain : comme le commerce en détail et les arts mécaniques, à l'exception de la verrerie (1). Un noble pouvait, sans déroger, labourer ses terres,

---

(1) Ce serait une grande erreur de croire, comme on l'a fait quelquefois, que l'art de la verrerie donnât la noblesse. Le seul privilége dont il jouissait était celui de ne pas la faire perdre comme les autres arts mécaniques.

3

pourvu qu'il ne cultivât que celles qui lui appartenaient.

En second lieu, c'était toute condamnation pour crime de vol, larcin, fausse-monnaie, banqueroute. La Roque dit, dans son *Traité de la noblesse*, à propos de la banqueroute :

« C'est une dérogeance formelle, à une
» personne noble, de refuser de payer les
» dettes de celui duquel il hérite en ligne
» directe. »

Les descendants de celui qui avait dérogé pouvaient obtenir du roi des lettres de réhabilitation.

En Bretagne cependant ces lettres n'étaient pas nécessaires : la noblesse était seulement *dormante*, c'est-à-dire suspendue, pendant les actes de dérogeance, et on la reprenait de plein droit dès la cessation de ces actes.

§ VII.

DES TITRES.

Quel était le titre qui convenait à tout noble, à tout gentilhomme?

C'est une question qui a donné lieu à de grandes controverses.

La qualité d'écuyer était celle que devaient prendre les nobles non armés chevaliers, et, jusqu'au XVe siècle, elle dénotait un ancien gentilhomme. Les plus grands seigneurs étaient qualifiés écuyers jusqu'à ce qu'ils fussent parvenus à l'ordre de chevalerie : Guillaume de Montmorency, baron de Montmorency; Guy de Laval, XVIe du nom, comte de Laval, ont pris cette qualité. D'Hozier en conclut que tout noble naît écuyer et non chevalier; que ce dernier titre est un grade personnel que le père ne transmet point à ses descendants, et que l'on

ne peut tenir que de la grâce du souverain.
Cependant la chambre établie par Louis XIV,
en 1668, pour la réformation de la noblesse
de Bretagne, a regardé comme chevalier-né
tout chef de famille descendant d'anciens
chevaliers, pour le distinguer du commun
des nobles qui ne sont qu'écuyers.

Ce dernier usage a prévalu, quoique
l'opinion de d'Hozier soit, en droit, la véritable.

Quant aux titres de baron, vicomte,
comte, marquis, prince, duc, il n'y avait
pas, dans l'origine, de hiérarchie bien établie entre eux. La seule qui fût déterminée,
dans le moyen-âge, était celle de vassal à
suzerain, sans distinction de titre. Le gentilhomme seigneur d'un comté était comte ;
le seigneur d'une baronie, baron ; le seigneur
d'un marquisat, marquis, sans qu'on pût
dire, d'une manière absolue, que les comtes
fussent supérieurs aux barons et inférieurs
aux marquis. Les duchés et les principautés
ont, en général, tenu le premier rang. L'on
trouve cependant des principautés vassales

d'un comté : la principauté d'Orange, par exemple, était vassale du comté de Provence.

D'après La Roque, les principautés souveraines auraient été inférieures aux duchés, et les principautés purement nominales inférieures aux comtés.

Des faits et des opinions cités par cet auteur, et malgré un arrêt du Conseil privé en date du 10 mars 1578, réglant le nombre de châtellenies et de baronies qui doivent composer un comté ou un marquisat (arrêt qui, du reste, n'a jamais été exécuté), on peut conclure qu'il n'y avait pas de concordance bien établie entre le titre d'un fief et son importance.

Le titre de baron désignait au moyen-âge les grands seigneurs du royaume ; des ducs et même des princes du sang ont préféré cette qualification à toute autre. Les Montmorency avaient le titre de *premiers barons chrétiens.*

Plus tard, il s'établit une sorte de hiérarchie, au premier rang de laquelle se trouvaient les ducs, au-dessous les princes, puis les marquis, les comtes (1), les vicomtes et les barons.

L'empereur Napoléon Ier donna la prééminence aux princes sur les ducs, et supprima les titres de marquis et de vicomte.

La Restauration rétablit l'ancien ordre de choses.

En France, les titres ne sont transmissibles que de mâle en mâle, par ordre de *primogéniture et seulement en ligne directe.*

Lorsqu'une branche titrée d'une maison vient à s'éteindre, il arrive souvent qu'une

---

(1) La question de préséance entre les marquis et les comtes, demeurée longtemps incertaine, a été tranchée en faveur des marquis. Ceux qui donnent la prééminence aux comtes, se fondent sur ce que ce titre est plus ancien que celui de marquis, et que jamais un marquisat n'a été érigé en pairie par les rois de France, ce qui est arrivé très-souvent pour les comtés. Il est à remarquer, en outre, qu'aucun prince du sang n'a pris le titre de marquis. On peut observer, en faveur de l'opinion contraire, que la couronne de marquis tient le milieu, pour la forme, entre celle de comte et celle de duc.

autre branche en relève le titre, ce qui
constitue une infraction à la loi, la trans-
mission n'ayant lieu qu'en ligne directe, à
moins qu'on n'ait obtenu des lettres patentes
qui l'autorisent en ligne collatérale.

Cet abus n'est malheureusement pas le
seul qui se soit introduit dans cette matière :
une erreur du roi dans une conversation,
une courtoisie sur un brevet, ont souvent
tenu lieu autrefois de nomination régulière.

Lorsqu'un gentilhomme était admis aux
honneurs de la Cour, s'il n'avait pas eu de
titre jusqu'alors, il en choisissait un parmi
ceux de marquis, comte ou baron, celui de
de duc excepté. Cette qualification, qui aurait dû être purement personnelle, devenait
presque toujours héréditaire.

Enfin, bien des gentilshommes sans le
moindre prétexte, sans ombre de légalité,
choisissaient le titre qui leur convenait le
mieux.

Dans une lettre du 8 juin 1748, M. de
Clairambault, généalogiste des ordres du
roi, regarde l'abus des titres comme si

grand, qu'il serait, dit-il, bien difficile à réformer, et que lui-même se trouve souvent obligé de suivre le torrent.

Il est vrai que le titre n'était qu'une chose secondaire relativement à la naissance ; la qualité de gentilhomme primait toutes les autres, et l'État avait intérèt à en empêcher l'usurpation. Quant aux titres, comme, à l'exception de celui de duc, auquel la pairie était presque toujours jointe, ils ne conféraient aucun privilége, on avait laissé tomber en désuétude les lois qui en punissaient l'usurpation, et ils étaient regardés comme de vains ornements laissés à la disposition de tout gentilhomme.

La confusion, augmentant de jour en jour, est devenue telle aujourd'hui qu'il est fort difficile de démêler les quelques maisons réellement titrées, de la foule de celles qui le sont illégalement. C'est ce qui nous a empêché, dans cet ouvrage, de parler des titres que prennent les diverses familles de Montpellier, quoiqu'il y en ait parmi eux de très-régulièrement établis.

Nous croyons d'ailleurs que, pour certaines familles anciennes, une longue possession peut tenir lieu de nomination régulière, et établir une sorte de prescription en leur faveur.

« A propos de cette question de titres,
» dit M. Borel d'Hauterive, dans sa préface
» de l'*Annuaire de la Noblesse* de 1848,
» qu'il nous soit permis de répéter ici ce que
» nous avons eu déjà plusieurs fois occasion
» d'exposer. On nous demande sans cesse :
» Pourquoi M*** est-il marquis, M*** est-il
» vicomte ou baron ? Souvent même des
» personnes viennent, dans la sincérité et
» l'ingénuité de leur âme, nous avouer leur
» ignorance personnelle et nous dire : Pour-
» quoi mon père était-il baron ou chevalier ?
» Pourquoi suis-je qualifié comte ? A ces
» questions on est obligé de répondre dix
» fois sur onze : Parce que tel est le bon
» plaisir de chacun. En effet, à l'exception
» du titre de duc, que semble encore res-
» pecter un reste de pudeur, il n'y a plus
» d'autre loi, en fait de titulature, que le

» libre arbitre, la fortune et la position des
» individus. Il n'y a plus d'autre tribunal
» que le bon sens du public, qui sanctionne
» l'adoption ou qui fait justice du ridicule. »

Les qualités d'écuyer et de chevalier
n'étaient pas des titres de la même nature
que les précédents. Ceux de baron, de marquis, de comte provenaient d'une terre ; il
n'en était pas de même de ceux d'écuyer et
de chevalier ; car on n'était jamais écuyer
ou chevalier d'un fief. Les ducs, marquis,
comtes, etc., joignaient l'une de ces qualités à leur titre, et l'on trouve partout :
N....., chevalier, marquis de.....

L'usage s'était introduit dans les maisons
nobles d'appeler *chevalier* le cadet des enfants mâles. Cela tenait peut-être à ce que,
dans beaucoup de familles, c'était celui qu'on
destinait à entrer dans l'ordre de Malte.

Nous ne dirons rien des titres de damoiseau, en latin *domicellus*, diminutif de *do-
minus*, seigneur ; de celui de valet ou var-
let, synonyme d'écuyer, usité dans certaines
provinces ; non plus que de ceux moins

connus de comtor, captal, mistral. Les titres
bizarres de satrape et de soudan, que les
croisades avaient introduits en Occident,
n'ont été pris que par quelques membres
des maisons d'Anduze et de Preissac.

§ VIII.

DES ARMOIRIES.

Les armoiries sont, comme on le sait,
des emblèmes destinés à faire distinguer
entre elles les différentes maisons nobles.

Quoique chaque maison ait ses armes
particulières, les armoiries de chacun de
ses membres peuvent présenter des diffé-
rences. Quelquefois les branches cadettes y
font des changements appelés *brisures* pour
se distinguer de la branche aînée. D'autres
fois l'on joint aux armes de sa famille celles
d'une famille alliée ou d'une terre ; mais il

faut que les armoiries primitives puissent
être reconnues au milieu de tous ces changements.

Bien des personnes étrangères à la science
du blason, regardent les armoiries comme
des sortes de hiéroglyphes, et croient que,
selon les émaux ou les pièces qui entrent
dans l'écu, les armes sont plus ou moins
nobles, plus ou moins illustres. Quelques
anciens héraldistes, portés à trouver à chaque couleur et à chaque figure une explica-
tion symbolique, ont contribué à répandre
cette opinion erronée, qui tombe d'elle-même
si l'on jette les yeux sur les armes les plus
anciennes et les plus illustres de France.

Le nom de *pièces honorables*, donné à
certaines figures héraldiques, a fait croire
que les armes où l'on trouvait quelqu'une de
ces pièces étaient, en effet, plus honorables
que les autres. Ce nom leur vient uniquement de ce qu'elles ont été les premières
employées dans le blason, et que, selon la
plupart des auteurs, elles représentent des
objets qui ont rapport à la chevalerie. Il

n'en est pas moins vrai que beaucoup de maisons d'origine chevaleresque, telles que les Rohan, les Caumont, les Blacas, les Roquefeuil, les Châteaubriand, etc., etc., n'ont point de ces pièces dans leurs armes, tandis qu'on en trouve très-souvent dans celles des anoblis.

Pour rappeler des alliances illustres, l'on a quelquefois divisé l'écu en un grand nombre de quartiers, dont chacun représentait l'écusson d'une maison alliée. Cet usage, pratiqué souvent par de grandes familles, a fait supposer que les armoiries, ainsi chargées, étaient les plus illustres ; il n'en est rien, car toutes ces subdivisions de l'écu sont purement arbitraires, et ne constituent point les véritables armes.

Quelquefois, tombant dans l'excès contraire, on a prétendu que les armes les plus nobles étaient les moins chargées, opinion tout aussi fausse que la précédente.

Quant à la croyance qui range les armes *parlantes* parmi les moins anciennes ou les moins estimées, plusieurs auteurs l'ont réfu-

tée. Nous citerons entre autres le P. Ménes-
trier, dont les ouvrages font autorité en
pareille matière ; il dit, dans son *Art du
blason :* « Que les armoiries parlantes ou
» équivoques au nom sont presque les plus
» anciennes. »

Lachenaye-Desbois, auteur du *Dictionnaire de la Noblesse*, dit à l'article *d'Aleyrac :* « L'écusson de cette famille que leurs
» ancêtres ont sûrement laissé depuis l'usage
» des armoiries, le rapport qu'il a avec leur
» nom par le *demi-vol* (*ala*, en patois du
» Languedoc), est aussi une marque de son
» antiquité. Les blasons les plus anciens et
» les plus glorieux se trouvent presque tous
» de cette sorte. »

Enfin, si l'on parcourt les armes des plus
anciennes familles, et notamment celles des
salles des croisades (1), au Musée de Ver-

----

(1) Les seigneurs dont les noms et les armes figurent au Musée de Versailles, ne sont pas les seuls,
comme on peut bien le penser, qui aient pris part
aux croisades. « En effet, dit M. Borel d'Hauterive
» (*Annuaire de la Noblesse*, 1845, page 343), si nous

sailles, on y trouve un grand nombre d'armes *parlantes*, parmi lesquelles nous citerons celles de Rethel, de Créquy, du Roure,
de la Tour d'Auvergne, de Hautpoul, de
Châteauneuf, de Chabot, de Mailly, de
Mauléon, etc., etc.

Il est donc évident qu'il n'existe pas d'armoiries plus ou moins nobles, selon les figures qui les composent. Les premiers chevaliers qui prirent des armoiries, eurent pour
unique but de se faire distinguer par un signe

» réfléchissons aux armées innombrables qui, sous
» la bannière du Christ, se précipitèrent vers la
» Palestine, nous ne saurions douter que chaque
» famille noble, contemporaine des croisades, n'ait
» fourni au moins un champion à l'une de ces diver-
» ses expéditions d'outre-mer.

» Pour rendre entière et complète justice, il eût
» fallu peut-être inscrire dans la liste des croisés les
» noms de toutes les familles d'ancienne chevalerie,
» c'est-à-dire dont l'existence féodale remonte au
» XIVe siècle. Mais on ne pouvait, sans de graves
» embarras, procéder ainsi par induction, et toutes
» les admissions ont été subordonnées à des preuves
» matérielles et authentiques. »

quelconque dans les tournois ou les combats.
Les armes, comme les noms, furent le plus
souvent arbitraires, et, de même qu'il n'y
a pas une classe de noms affectés aux familles illustres, il n'y a pas d'armes particulières
pour les plus anciennes et les plus nobles.

Il est cependant une restriction à cette
règle générale : les fleurs de lis sont souvent
une concession des rois de France pour des
services éminents rendus à l'État. Quelques
anciennes familles les portent de temps immémorial sans concession connue ; d'autres
les ont prises sans titre légal.

De Courcelles prétend que depuis Louis XIII
cette distinction a été accordée assez faci-
lement, et à des familles dont les services
n'avaient rien de signalé.

Par arrêt du Conseil, en date du 19 mars
1697, les commissaires-généraux chargés de
l'armorial de France ne durent admettre dans
les armoiries aucune fleur de lis *d'or en
champ d'azur*, sans qu'il leur eût été justifié
de titres et permissions valables.

Pendant longtemps l'écu des armoiries fut

surmonté ou , selon l'expression consacrée ,
timbré d'un casque, qui dans la suite fut lui-
même surmonté d'une couronne. Les formes
et les ornements de la couronne , la position
du casque , le nombre de ses grilles diffé-
raient suivant les titres. Plus tard on supprima le casque , et l'écu fut timbré seulement de la couronne. Enfin , pendant la
seconde moitié du XVIIe siècle , avec la confusion des titres naquit la confusion des couronnes ; chacun timbra dès lors son écu à
son gré , et l'on est fort étonné de trouver,
dans des ouvrages modernes , après la description des armes d'une famille non titrée ,
couronne de comte ou *couronne de marquis,*
comme si ce timbre lui revenait de droit.

La noblesse créée par Napoléon Ier, surmonte ses armes d'une toque de velours
noir, retroussée de *vair,* de *contre-vair,*
d'*hermine* ou de *contre-hermine,* et surmontée de plumes blanches en nombre déter-
miné , suivant le titre du personnage.

Quoique les armoiries fussent des signes
de noblesse , les bourgeois en prirent quel-

4

quefois ; mais il leur fut défendu, par plusieurs édits et sous des peines très-sévères,
de porter des armoiries *timbrées*, c'est-à-
dire surmontées d'un casque ou d'une couronne. L'armorial manuscrit qui se trouve
à la bibliothèque de Montpellier, contient un
grand nombre d'armoiries de bourgeois, pré-
sentées pour être enregistrées à l'*Armorial
général de France*. Cet ouvrage, qu'il ne
faut pas confondre avec celui que d'Hozier
a publié sous le même titre, n'était nullement une preuve de noblesse, et tout bourgeois, toute corporation, toute communauté
pouvait, en payant un droit de 23 livres
10 sols, y faire insérer ses armoiries *non
timbrées*. Bien plus, les *traitants* délivraient
des armoiries souvent à ceux qui n'en voulaient pas, et les forçaient à payer le droit
d'armorial appelé *droit de recherche*.

OUVRAGES CONSULTÉS.

D'HOZIER. — *Armorial général ou registres de la noblesse française.* 6 registres en 10 volumes in-folio. 1738-1786.

LE P. ANSELME. — *Histoire généalogique et chronologique de la maison de France, des pairs, des grands officiers de la couronne, des anciens barons du royaume,* etc. 9 volumes in-folio. 1726 à 1733.

LACHENAYE-DESBOIS. — *Dictionnaire de la noblesse.* 12 volumes in-4°. 1770-1788.

LE MARQUIS D'AUBAIS. — *Pièces fugitives pour servir à l'histoire de France.* 3 volumes in-4°. 1759.

DE CAUMARTIN. — *Procès-verbal de la recherche de la noblesse de Champagne.* 1 vol. in-8°. 1673.

ROBERT DE BRIANÇON. — *État de la Provence dans sa noblesse.* 3 volumes in-12. 1693.

ARTEFEUIL. — *Histoire héroïque de la noblesse de Provence.* 3 volumes in-4°.

MAYNIER. — *Histoire de la principale noblesse de Provence.* 1719.

Le même. — *Nouveau état de Provence, de son gouvernement,* etc. 1 volume in-4°.

PITHON-CURT. — *Histoire de la noblesse du comté Venaissin*. 4 volumes in-4º. 1743.

DOM COLL. — *Nomenclature des familles nobles d'Auvergne*. 1 volume in-4º (manuscrit).

J.-B. BOUILLET. — *Nobiliaire d'Auvergne*. 7 vol. in-8º. 1846-1853.

DE BARRAU. — *Documents historiques et généalogiques sur les familles et les hommes remarquables du Rouergue*. 2 volumes in-8º ont paru.

BOREL D'HAUTERIVE. — *Annuaire de la noblesse*. 13 volumes in-12. 1843-1856.

VITTON DE SAINT-ALLAIS. — *Nobiliaire universel*. 18 volumes in-8º. 1814-1820.

Le même. — *Dictionnaire encyclopédique de la noblesse*. 3 volumes in-8º. 1816.

DE COURCELLES. *Dictionnaire universel de la noblesse*. 5 volumes in-8º. 1820-1822.

Procès-verbal de l'assemblée de l'ordre de la noblesse de la sénéchaussée de Montpellier, convoquée en 1789 pour la députation aux États-Généraux.

DE MARTRES. — *Revue historique de la noblesse*, fondée par M. A. Borel d'Hauterive et publiée sous la direction de M. de Martres. 4 volumes in-8º. 1843-1848.

Armorial manuscrit conservé à la bibliothèque de Montpellier.

GASTELIER DE LA TOUR. — *Armorial des États de Languedoc*. 1 volume in-4º. 1767.

Jacques BEAUDEAU — *Armorial des États du Languedoc*. 1 volume. 1686.

CHEVILLARD. — *Nobiliaire de Normandie.* Grand in-folio.

Nouveau armorial universel. 1 volume in-folio. 1663. Publié chez Étienne Loyson.

J.-G. DE MILLEVILLE. — *Armorial historique de la noblesse de France.* 1 volume grand in-8º. 1846.

MARQUIS DE MAGNY. — *Le livre d'or de la noblesse.* In-4º. 1846.

JOUFFROY D'ESCHAVANNES. — *Armorial universel.* 2 volumes grand in-8º. 1844.

MORÉRI. — *Grand dictionnaire historique.* 10 vol. in-folio. 1732 à 1748.

SAINTE-MARTHE. — *Gallia christiana* (volume relatif au Languedoc).

DE BOULAINVILLIERS. — *État de la France.* 9 volumes in-12. 1752.

DOM VAISSETTES. — *Histoire du Languedoc.*

DE BASVILLE. — *Mémoires pour servir à l'histoire du Languedoc.* 1 volume in-8º. 1734.

D'AIGREFEUILLE. — *Histoire de Montpellier.* 2 volumes in-folio.

GERMAIN. — *Histoire de la commune de Montpellier.*

MÉNARD. — *Histoire de Nimes.* 7 volumes in-4º. 1750-58.

GERMAIN. — *Histoire de l'Église de Nimes.*

CÆSAR DE NOSTRADAMUS. — *Histoire et chronique de Provence.* 1 volume in-folio. 1624.

VERTOT. — *Histoire des chevaliers de Malte.*

De tous les ouvrages publiés sur la noblesse, les plus anciens sont les plus estimés et méritent le plus de confiance. Lors même que l'on contesterait les généalogies qui y sont insérées, il est au moins certain qu'à l'époque où ils ont paru, les familles dont ils donnent les noms comptaient dans les rangs de la noblesse, et ce serait déjà, à défaut d'autre, une preuve d'ancienneté. Mais ce n'est pas là la seule raison qui les fait préférer aux nouveaux. Avant la révolution de 89, la noblesse était exempte de certaines charges, jouissait de certains priviléges ; il était de l'intérêt de l'État de veiller à ce que cet ordre ne fût pas augmenté outre mesure, et c'est dans ce but que les rois de France ont, à diverses reprises, ordonné la recherche des faux nobles.

Les auteurs modernes, dégagés de cette entrave, plus libres dans leurs allures, ont pu céder sans crainte à un esprit de spéculation. Devant eux il s'agit bien moins de faire preuve de noblesse que de bonne volonté en souscrivant à leurs œuvres (1).

---

(1) Parmi les publications modernes, nous devons faire exception pour quelques travaux sérieux, exécutés avec autant de conscience que de talent. Nous citerons entre autres : les *Documents historiques et généalogiques sur le Rouergue*, par M. de Barrau ; le *Nobiliaire d'Auvergne*, par M. Bouillet, ouvrage qui a obtenu, en 1853, la première des mentions très-honorables décernées par l'Académie des inscriptions et belles-lettres ; l'*Annuaire de la noblesse*, publié par M. Borel d'Hauterive, depuis 1843. Cette publication, dont l'auteur ne craint pas de dévoiler la vérité, lors même qu'elle peut froisser de hautes susceptibilités, contient des détails intéressants sur la matière.

Nous dirons ici quelques mots des principaux ouvrages où nous avons puisé nos renseignements.

D'HOZIER. — *Armorial général de France.* — Le nom de d'Hozier est devenu en quelque sorte proverbial pour désigner un généalogiste. Quatre des membres de cette famille ont occupé la charge de Juge-d'armes de France.

Le troisième d'entre eux, Louis-Pierre d'Hozier, rédigea, avec son fils Antoine-Marie d'Hozier de Sérigny, l'*Armorial général de France*, magnifique ouvrage qui devait contenir le nom, les armes et les généalogies authentiques de toute la noblesse française.

Cet *Armorial*, qui a force de loi, tant à cause de la qualité de Juge-d'armes que de la science et de la scrupuleuse loyauté de son auteur, s'est malheureusement arrêté au 6ᵉ registre ou 10ᵉ volume. Le généalogiste, craignant de blesser l'orgueil de certains personnages, et voulant rester fidèle au respect de la vérité héréditaire dans sa famille, préféra suspendre la publication de son *Armorial*. Il suffit de citer ce fait pour prouver la confiance que mérite la faible partie qui en a paru.

Jugements sur la noblesse du Languedoc, insérés dans les Pièces fugitives. — Les *Pièces fugitives* pour servir à l'histoire de France, publiées sans nom d'auteur, sont du marquis d'Aubais. On y trouve, entre autres pièces, les jugements de M. de Bezons, intendant du Languedoc, sur la noblesse de cette province. Le catalogue des gentilshommes dont M. de Bezons prononça la maintenue, avait déjà été publié en 1676, à Pézénas, par Henri de Caux.

Dans le 2e volume des *Pièces fugitives* se trouvent les familles habitant la généralité de Montpellier; dans le 3e, celles qui habitent la généralité de Toulouse.

Cet ouvrage fait titre pour constater la noblesse des noms qui y sont mentionnés, mais les généalogies y sont en général incomplètes. L'arrêt du Conseil-d'État, en date du 19 mars 1667, qui réglait la manière dont devait avoir lieu la vérification des titres de noblesse, n'exigeait les preuves qu'à partir de l'an 1560. Un grand nombre de familles se sont contentées de produire les actes remontant à cette époque.

Il faut observer, en outre, que les blasons ne sont pas tous indiqués, et, parmi ceux qui le sont, il y en a un grand nombre assez mal décrits, soit par la faute de l'auteur, soit par la faute de ceux qui les lui ont communiqués.

En résumé, cet ouvrage doit être considéré comme un titre authentique, et lorsqu'une famille prouve sa filiation, depuis l'époque où l'a abandonnée M. de Bezons, jusqu'à nos jours, on peut regarder sa généalogie, telle qu'elle est consignée dans les *Pièces fugitives*, comme incontestable, sans cependant pour cela qu'elle ne puisse remonter encore plus haut.

LE P. ANSELME. — *L'Histoire généalogique de la Maison de France et des Grands-Officiers de la Couronne,* commencée par le Père Anselme de Sainte-Marie (Pierre de Guibours), corrigée et continuée par Du Fourny et les Pères Ange et Simplicien, forme 9 volumes in-fo. Cette compilation, qui offre d'abondantes et curieuses recherches, est assez estimée, malgré bien des erreurs, inévitables du reste dans un travail aussi volumineux. Plusieurs familles de Montpellier y sont citées comme alliances; mais nous n'avons pris note que des noms auxquels est consacré un article spécial.

ROBERT DE BRIANÇON. — *État et Nobiliaire de Provence.*

ARTEFEUIL. — *Histoire héroïque de la noblesse de Provence.*

PITHON-CURT. — *Histoire de la noblesse du comté Venaissin.*

Ces trois ouvrages, imprimés dans le XVIIe et le XVIIIe siècles, sont devenus assez rares de nos jours. Ce sont en quelque sorte les seuls que l'on ait publiés sur ces provinces limitrophes du Languedoc, et à ce titre, comme aussi à cause du soin avec lequel ils ont été composés, ils sont souvent cités par les auteurs modernes. Le *Nobiliaire de Provence,* par Robert de Briançon, mérite surtout une entière confiance, puisqu'il a été dressé d'après les jugements des commissaires députés pour la vérification des titres de noblesse.

LACHENAYE-DESBOIS. — *Dictionnaire de la Noblesse.* — Quoique Lachenaye-Desbois n'ait pas eu le titre officiel, comme d'Hozier, pour rédiger les généalogies de la noblesse française, son ouvrage n'en est pas moins considéré de nos jours comme l'un des plus consciencieux, et de ceux qui peuvent faire foi en pareille matière.

Dans la préface du XIIe volume, il indique lui-même la manière dont il a accompli ce travail important. « Pour former, dit-il, ces douze volumes que je viens » de donner, j'ai eu la satisfaction de rédiger les généa- » logies qui y sont insérées, les unes, d'après les » titres originaux que j'ai moi-même vérifiés, et elles » sont en grand nombre; les autres, d'après des » mémoires légalisés ou collationnés sur les originaux » par les juges des lieux; les autres enfin, d'après » Duchesne, l'*Histoire des Grands-Officiers de la* » *Couronne, etc.* J'ai fait aussi quelquefois usage de » simples mémoires que je ne puis garantir. »

Il existe de ce dictionnaire une première édition en sept volumes in-8°, dont quatre de supplément; mais cette édition est reconnue imparfaite par son auteur lui-même, dans la préface de l'édition in-4°. C'est cette dernière seule que nous avons consultée.

Aux douze volumes in-4°, donnés par Lachenaye-Desbois et devenus maintenant assez rares, le généalogiste Badier ajouta trois volumes qui sont presque introuvables.

SAINT-ALLAIS. — Ce généalogiste a publié plusieurs ouvrages sur la noblesse dont les principaux sont : un *Dictionnaire encyclopédique de la noblesse*, 3 volumes in-8°, 1816 ; — un *Armorial de France*, 1817, — et un *Nobiliaire universel de France*, en 18 volumes in-8°, 1814 à 1820.

Ces ouvrages sont en général fort peu estimés et d'une bien faible autorité comparativement à ceux que nous venons de citer. L'auteur avait en sa possession de nombreux documents qui auraient dû lui faciliter sa tâche ; mais on lui reproche, avec raison, de s'être montré d'une excessive complaisance pour un grand nombre de familles, auxquelles il prodigue des éloges si pompeux qu'ils paraissent ridicules.

DE COURCELLES. — *Dictionnaire universel de la noblesse de France.* — En se faisant le continuateur de Saint-Allais, dont il avait acquis le cabinet, M. de Courcelles, comme son prédécesseur, n'a pas toujours su se défendre d'un sentiment de partialité. S'il a péché souvent par excès d'indulgence, il s'est montré aussi quelquefois d'une sévérité qu'on pourrait qualifier d'injustice. Son *Dictionnaire*, qui devait avoir douze volumes, s'est arrêté après le cinquième.

Armorial manuscrit à la bibliothèque de Montpellier. — L'*Armorial manuscrit*, qu'on trouve à la bibliothèque de la ville, n'est qu'un extrait du grand

Armorial général, aussi manuscrit, conservé à la bibliothèque impériale et dressé en vertu d'une ordonnance de 1696. Les quelques feuilles qui se trouvent à Montpellier concernent en grande partie la sénéchaussée de Nîmes.

L'exécution de l'*Armorial* de 1696 était, comme nous avons eu déjà l'occasion de le dire, une mesure purement fiscale. Les traitants, moyennant 23 livres 10 sols, délivrèrent à tous ceux qui en voulaient, et même souvent à ceux qui n'en voulaient pas, des armoiries qui ne furent jamais confirmées par le souverain ; aussi cet ouvrage n'est-il nullement un titre de noblesse. Les qualifications données à ceux qui ont fait enregistrer leurs armes peuvent seules servir à distinguer les personnes appartenant à cette classe.

DOM COLL. — *Nobiliaire manuscrit d'Auvergne.* — Dom Coll, bénédictin de la congrégation de Saint-Maur, est connu par d'importants travaux, restés manuscrits, sur la noblesse d'Auvergne et du Limousin. Il est souvent cité comme autorité par tous les généalogistes qui se sont occupés des familles de ces provinces. On connaît de lui la *Nomenclature des maisons nobles d'Auvergne*, manuscrit dont il existe une copie à la bibliothèque impériale et une autre à celle de Clermont-Ferrand. Dom Coll mourut en 1793.

Outre les ouvrages spéciaux sur la noblesse, nous avons dû avoir recours à divers travaux historiques, d'un mérite incontesté, concernant le Languedoc, parmi lesquels nous mettrons en première ligne l'Histoire de cette province par dom Vaissette, et l'*Histoire de la commune de Montpellier* par M. Germain. Mais la plupart des familles dont il est fait mention dans ces ouvrages se trouvent aussi dans les Nobiliaires; et, malgré l'autorité de leur nom, nous avons pensé que, dans beaucoup d'articles, il serait superflu de citer ces auteurs.

Les listes des officiers en la Cour des Comptes, en la Cour des Aides, celles des Trésoriers de France, données par d'Aigrefeuille, dans son *Histoire de Montpellier*, sont des titres incontestables pour les familles dont la noblesse provient des charges, et qui sont trop souvent oubliées dans les Nobiliaires.

Les *Mémoires pour servir à l'Histoire du Languedoc*, par M. de Basville, ouvrage dont l'auteur s'est montré assez peu bienveillant pour les habitants de cette province, en général, ne contiennent qu'un très-petit nombre de familles, et nous ont été d'un bien faible secours.

A ces documents on peut ajouter encore le *Procès-verbal de l'Assemblée de la noblesse de la sénéchaussée de Montpellier, réunie en* 1789 *pour la députation aux États-Généraux.*

OBSERVATION ESSENTIELLE.

Lorsque, dans le courant d'un article, nous sommes amené à parler de l'un des membres d'une famille, nous lui donnons le titre dont il se qualifiait, sans prétendre nous porter garant de la validité de ce titre.

NOTES

POUR SERVIR

A UN

NOBILIAIRE DE MONTPELLIER.

ADAM DE MONCLAR.

Armes : D'azur, au chevron d'argent, accompagné en pointe d'une croix ancrée de même.

Originaire du Languedoc.

Auteur : PIERRE ADAM, seigneur de Monclar, conseiller en la Cour des comptes, aides et finances, en 1705.

Voyez : D'Aigrefeuille, *Histoire de Montpellier;* liste des officiers près la Cour des comptes.

D'ADHÉMAR.

Armes primitives de la maison d'Adhémar : D'or, à trois bandes d'azur.

Plus tard ces armes furent posées sur :

Mi-parti de France ancien, qui est d'azur semé de fleurs de lis d'or, et de Toulouse, qui est de gueules, à la croix vidée, cléchée et pommetée d'or.

Cimier : Un lion d'or issant et portant une lance au fer de laquelle est attachée une banderolle avec cette légende : *Lancea sacra.*

Devise : Plus d'honneur que d'honneurs.

La branche de la famille d'Adhémar représentée à Montpellier, celle des seigneurs de Saint-Maurice de Cazevielle, portait, il y a quelques années, le nom d'Azémar. Une ordonnance royale, rendue le 18 juin 1817, en faveur de Pierre-Melchior d'Azémar, vicomte d'Héran, releva et consacra ses droits à prendre le nom d'Adhémar, comme issu de l'ancienne maison de ce nom. Cette ordonnance ayant été attaquée par un parent, l'affaire fut portée devant les tribunaux ordinaires. Enfin, un arrêt de la

Cour de cassation, en date du 8 mars 1841, confirma définitivement les prétentions des fils de M. Pierre-Melchior d'Adhémar. La filiation de ce dernier avait d'ailleurs été reconnue par actes authentiques du comte d'Adhémar de Cransac, en 1816, et du comte d'Adhémar de Panat, en 1819. (Voyez Du Mége, *Histoire du Languedoc.*)

On trouve la branche d'Adhémar de Saint-Maurice de Cazevielle, sous le nom d'Azémar, dans les *Pièces fugitives* et dans le *Dictionnaire de la noblesse* de Lachenaye-Desbois. Elle porte pour armes : *D'azur, à une bande d'argent, chargée de trois croissants de sable, et surmontée d'un lion d'or grimpant, armé et lampassé de gueules* (1).

« Le nom d'Azémar, dit Lachenaye-
» Desbois, à l'article *Adhémar,* a été, dans
» les premiers siècles de cette maison, aussi
» souvent porté que celui d'Adhémar. Vérité
» constatée par tous les sceaux et les titres

(1) Le marquis d'Aubais donne les mêmes armes avec des émaux différents

» anciens, vérité connue de tous ceux qui
» ont travaillé sur la maison d'Adhémar, et
» que M. d'Hozier de Sérigny a certifiée au
» roi, d'après l'ordre qu'il avait reçu de
» Sa Majesté d'examiner les pièces origi-
» nales et de lui en rendre compte. »

La famille d'Adhémar, à laquelle appartenait le chevalier croisé de ce nom, l'un
des héros de la *Jérusalem délivrée*, descend
des anciens comtes d'Orange. Saint-Allais
donne la généalogie de la branche de Saint-
Maurice de Cazevielle depuis

GUILLAUME-PONS D'ADÉMAR, seigneur de
Marsillan et de Pisan, en 1138.

D'Hozier (1re partie du 1er registre) fait
mention d'une famille d'Azémar de Montfalcon portant pour armes : *D'or à trois
fasces de gueules,* et remontant à Guillaume
d'Azémar, seigneur de La Garinie, marié
en 1480 à Souveraine de Salgues. Des titres
originaux, retrouvés vers 1770 au château
de La Garinie, ayant prouvé que cette
famille était une branche de la maison
d'Adhémar, le comte d'Azémar ou d'Adhé-

mar de Montfalcon fut admis aux honneurs de la Cour.

Voyez : D'Hozier, 1er registre, 1re partie, page 42. —*Pièces fugitives,* tome II, *jugements sur la noblesse,* page 117, No 34. — Lachenaye-Desbois, tome Ier, pages 37 et 613. — De Barrau, *Documents sur le Rouergue,* tome II, page 583. — *Histoire du Languedoc,* édition Du Mége, tome X, page 901. — Saint-Allais, *Nobiliaire universel,* tome VII, page 481. —De Courcelles, *Dictionnaire de la noblesse,* tome III, page 5. — *Procès-verbal de 1789.* — Pithon-Curt, *Nobiliaire du comtat Venaissin,* tome IV. — Nostradamus, *Histoire de Provence.* — Etc., etc., etc.

—

D'ALBENAS.

Armes : De gueules, au demi-vol d'argent, accompagné de trois étoiles d'or, deux en chef et une en pointe (1).

La filiation de cette famille, originaire du Languedoc, remonte, d'après Lachenaye-Desbois, à

—

(1) D'après les *Pièces fugitives,* les trois étoiles seraient d'argent.

RAYMOND D'ALBENAS, professeur ès-lois (1), qui servait dans la cavalerie en 1349.

Jean-Paul ou Poldo d'Albenas, docteur ès-lois, lieutenant du sénéchal de Nîmes, premier consul de cette ville en 1454, est l'auteur d'un ouvrage sur les antiquités de Nîmes et de plusieurs autres traités et traductions. Selon l'histoire de Ménard, c'est chez lui que logea le roi Alphonse V, de Portugal, à son passage à Nîmes, le 3 septembre 1475.

La famille d'Albenas a été maintenue dans sa noblesse par jugement de M. de Bezons, en date du 5 décembre 1668.

Voyez : *Pièces fugitives*, tome II, *jugements sur la noblesse*, page 7, N° 11. — Lachenaye-Desbois, *Dictionnaire de la noblesse*, tome I, page 100. — Dom Vaissette, *Histoire du Languedoc*. — Ménard, *Histoire de Nîmes*, tomes III, IV, V, VI, VII. — Moréri, *Dictionnaire historique*, tome I. — *Procès-verbal de* 1789.

---

(1) Professeur ès-lois était, dit Lachenaye-Desbois, une qualité distinguée que prenait la noblesse qui composait les parlements.

D'ASSAS.

Armes : D'or, au chevron d'azur, accompagné de deux pins de sinople en chef, et d'un croissant du second émail en pointe; au chef de même, chargé de trois étoiles d'or (1).

Cette maison, qui paraît tirer son nom, dit M. de Courcelles, d'une terre située à une petite distance de la rive gauche du Lez, à deux lieues de Montpellier, est connue par titres depuis l'an 1232, et par filiation depuis l'an 1389.

Les pièces produites devant M. de Bezons remontent à

JEAN D'ASSAS, seigneur de Marcassargues, qui épousa, le 30 avril 1540, Françoise de Voisins.

Le nom de cette famille a été immortalisé par le dévouement héroïque du chevalier

---

(1) Les armes de cette famille sont blasonnées, par erreur, dans les *Pièces fugitives* : *D'or, au chevron de gueules, accompagné de deux* PIÈCES *de sable en chef, et d'un croissant de gueules en pointe; au chef de gueules, chargé de trois étoiles d'or.*

d'Assas, à la bataille de Clostercamp, le 16 octobre 1760.

Jugement de maintenue de noblesse rendu par M. de Bezons, en faveur de la famille d'Assas, le 8 juillet 1669. Elle a fait ses preuves pour les honneurs de la Cour, le 23 janvier 1786 et le 10 février 1788.

Voyez : *Pièces fugitives*, tome II, *jugements sur la noblesse*, page 19, Nº 37. — De Courcelles, *Dictionnaire de la noblesse*, tome I, page 58. — Saint-Allais, *Dictionnaire encyclopédique de la noblesse*, tome I, page 352.

—

D'ASTANIÈRES.

Armes : D'argent, à trois fasces de gueules, au chef chargé d'un croissant de sable, accosté de deux étoiles de même.

« Cette famille est originaire de Norman-
» die. Un de ses membres vint se fixer en
» Languedoc, en 1575. » (De Milleville.)

Voyez : De Milleville, *Armorial de France*, 1846.

—

DE BARBEYRAC DE SAINT-MAURICE.

Armes : D'argent, au cheval barbe de sable courant; au chef d'azur, chargé d'un croissant d'argent, accosté de deux étoiles d'or. (Lachenaye-Desbois. — Artefeuil.)

Saint-Allais et de Courcelles attribuent à la famille de Barbeyrac les armes suivantes, qui ne diffèrent des précédentes que par un changement dans les émaux :

De gueules, au cheval gai d'argent, au chef cousu d'azur, chargé d'un croissant d'argent, accosté de deux étoiles d'or.

Lachenaye-Desbois et Artefeuil commencent la généalogie de la famille de Barbeyrac, qu'ils disent originaire de Provence, à

JEAN DE BARBEYRAC, capitaine des gardes du maréchal de Damville, vivant en 1573.

D'après Saint-Allais et de Courcelles, au contraire, cette maison tirerait son nom de la terre et seigneurie de Barbeyrac, près de Carcassonne ; elle serait connue depuis *Bérenger de Barbeyrac*, cité dans l'*Histoire du Languedoc*, en 1066, et prouverait sa filiation depuis

JACQUES DE BARBEYRAC, vivant en 1372.

Antoine de Barbeyrac épousa, en 1719, Gabrielle de Benoist de la Prunarède, dame de Saint-Maurice, et devint par ce mariage possesseur de la terre de Saint-Maurice, érigée en marquisat en 1753.

A cette famille appartenaient Charles de Barbeyrac, célèbre médecin, et Jean de Barbeyrac, auteur de plusieurs ouvrages de droit public.

Jugement de maintenue rendu par les commissaires du roi, députés pour la vérification des titres de noblesse, en date du 26 août 1716.

Voyez : Lachenaye-Desbois, *Dictionnaire de la noblesse*, tome I, page 715. — Artefeuil, *Histoire héroïque de la noblesse de Provence*, tome I, page 91. — Saint-Allais, *Nobiliaire universel*, tome VIII, p. 297. — De Courcelles, *Dictionnaire de la noblesse*, tome I, page 68. — De Barrau, *Documents sur le Rouergue*, tome II, page 168. — Dom Vaissettes, *Histoire du Languedoc*, in-folio, tomes II, III, IV et V. — *Procès-verbal de* 1789. — Moréri, *Dictionnaire historique*. — Saint-Allais, *Dictionnaire encyclopédique de la noblesse*, tome I, page 213, et tome II, page 431.

DE BARONCELLI DE JAVON.

Armes : D'or (*aliàs* d'argent), à trois bandes de gueules.

Maison originaire de Florence, connue depuis le XIIIe siècle, fixée au comtat Venaissin, peu après l'an 1470. (De Courcelles.) Elle a donné, à partir de l'an 1594, sept chevaliers de l'ordre de Malte, dont le dernier fut élevé à la dignité de commandeur en 1788.

Voyez : De Courcelles, *Dictionnaire de la noblesse*, tome I, page 74. — Pithon-Curt, *Histoire de la noblesse du comté Venaissin*, tome I, page 121 — Nostradamus, *Histoire de Provence*. — De Milleville, *Armorial de France*. — Jouffroy d'Eschavannes, *Armorial universel*, tome II. — Vertot, *Histoire des chevaliers de Malte*. — Saint-Allais, *Nobiliaire universel*, liste des chevaliers de Malte. — Saint-Allais, *Dictionnaire encyclopédique de la noblesse*, tome I, page 80.

—

BEDOS DE CELLES.

Armes : De gueules, à trois croissants rangés d'argent, surmontés de trois étoiles rangées d'or, à l'orle de huit coquilles d'argent (1).

Originaire du Languedoc.

Bérenger Bedos rendit hommage au roi en 1396. (*Pièces fugitives.*)

Hector Bedos était seigneur de Celles, en 1636; d'où le nom de Celles.

Cette famille compte un chevalier de l'ordre de Malte reçu en 1633; elle a été maintenue dans sa noblesse par M. de Bezons, le 12 septembre 1668.

Voyez : *Pièces fugitives*, tome II, *jugements sur la noblesse*, page 37. — Vertot, *Histoire des chevaliers de Malte.*

_____

(1) D'après les *Pièces fugitives*, les étoiles seraient d'argent.

DE BÉNAVENT.

Armes : D'argent, à trois bandes (1) de gueules, au chef d'azur, chargé d'un lambel de trois pendants d'or. (Lachenaye-Desbois, art. *Bénévent.*) (2)

Aliàs : De gueules, au lion d'or, qui est de Rodez, écartelé de Bénavent, comme ci-dessus. (Saint-Allais, art. *Bénavent-Rodez.*)

D'après l'*Histoire des Grands-Officiers de la Couronne,* du P. Anselme, la famille de Bénavent serait une branche de la maison des comtes de Rodez. Il est constant qu'il existait, en 1270, des liens de parenté entre ces deux familles, mais cette parenté semblerait venir du côté des femmes. (Voyez à ce sujet l'ouvrage de M. de Barrau sur le Rouergue, tome II, page 542.)

La branche aînée, qui s'éteignit vers 1350, remonte à

ÉTIENNE DE BÉNAVENT vivant en 1180.

---

(1) Du Buisson *(Armorial des principales maisons et familles du royaume)* dit : à trois barres, au lieu de trois bandes.

(2) Lachenaye-Desbois, sous le nom de *Bénévent*, ne parle que d'une seule branche de cette famille.

GUILLAUME DE BÉNAVENT, chevalier, en
1281, est le chef de la branche de Bénavent
de Mels, qui s'est subdivisée et a formé la
branche de Bénavent-Rodez de Vinassau,
représentée à Montpellier. On ignore l'époque à laquelle la branche de Bénavent de
Mels se rattache à la branche aînée.

Cette famille a été maintenue dans sa noblesse par jugements de M. de Bezons, en
date des 12 décembre 1668 et 13 octobre
1678; elle a fait ses preuves pour les honneurs de la Cour, le 15 mai 1784, par-de-
vant M. Chérin, généalogiste des ordres du
roi.

Voyez : *Pièces fugitives,* tome II, *jugements sur la
noblesse,* page 39, N⁰ 70, et tome III, *jugements sur
la noblesse,* page 14, N⁰ 672. — Lachenaye-Desbois,
Dictionnaire de la noblesse, tome II, page 317. —
Saint-Allais, *Nobiliaire universel,* tome IV, p. 197.
— De Barrau, *Documents historiques et généalogiques sur le Rouergue,* tome II. — Le P. Anselme,
Histoire des Grands-Officiers de la Couronne, t. II,
page 698. — Du Buisson, *Armorial des principales
familles du royaume.*

BENOIST DE LA PRUNARÈDE.

Armes : D'azur, à trois bandes d'or.
Devise : *Voca me cum benedictis.*

Aliàs : D'azur, à trois bandes d'or, au chef cousu de gueules, chargé de trois croissants d'argent; coupé d'or, au lion de gueules, armé et lampassé de sable, qui est de Benoist. Parti : d'or, au prunier (1) de sinople, au chef d'azur, chargé de trois étoiles d'or, qui est de Peiran et de La Prunarède. *(Pièces fugitives.)*

Originaire du Languedoc.

La généalogie de la maison de Benoist de La Prunarède, donnée par Lachenaye-Desbois, commence à

ANDRÉ, dit le capitaine BENOIST, vivant en 1476, connu par le testament de Jean, son fils.

Saint-Allais fait remonter la filiation de cette famille à

PONS DE BENOIST Ier, qualifié *d'illustre* et surnommé *le célèbre chevalier d'Outremer*

---

(1) C'est par erreur que l'on a imprimé, dans les *Pièces fugitives ,* *au Ier de sinople.*

ou *d'Outremonts*, qui reçut, en 1204, le domaine de Roujan par inféodation du vicomte de Béziers.

Charles de Benoist, seigneur de la Cisternette, épousa, le 30 juillet 1623, Isabeau de Peiran, dame de La Prunarède, et devint par ce mariage seigneur de La Prunarède.

« Cette famille, dit M. de Courcelles, a
» possédé pendant plusieurs siècles le terri-
» toire où est située l'abbaye d'Aniane, ce qui
» sert, ainsi que la devise conservée dans
» cette maison, à appuyer la tradition que le
» célèbre saint Benoît d'Aniane pouvait avoir
» une origine commune avec cette famille. »

Jugement de maintenue de noblesse rendu par M. de Bezons, en faveur de la famille de Benoist, le 20 décembre 1669.

Voyez : *Pièces fugitives*, tome II, *jugements sur la noblesse*, page 40, No 73. — Lachenaye-Desbois, *Dictionnaire de la noblesse*, tome II, page 318. — Saint-Allais, *Nobiliaire universel*, tome I, page 169. — De Courcelles, *Dictionnaire de la noblesse*, t. I, p. 95. — Saint-Allais, *Dictionnaire encyclopédique de la noblesse*, tome I, page 262.

BERTHÉZÈNE.

Armes : D'azur, au lion d'argent, tenant de la patte dextre une épée, et de la sénestre un bouclier du même ; au franc-quartier sénestre des barons militaires qui est : de gueules à l'épée haute en pal d'argent.

L'écu timbré d'une toque de velours noir, retroussée de contre-vair, avec porte-aigrette en argent, surmontée de trois plumes, accompagnée de deux lambrequins d'argent.

PIERRE BERTHÉZÈNE, lieutenant-général, pair de France, grand'croix de la Légion d'honneur, chevalier de Saint-Louis, nommé baron par l'empereur Napoléon Ier.

—

BESSODES DE SAINT-ÉTIENNE.

Nous n'avons trouvé aucun renseignement sur cette famille.

—

DE BLÉGIERS DE TAULIGNAN.

Armes : Écartelé : aux 1er et 4e de sable , à la croix engrêlée d'or cantonnée de dix-huit billettes du même , cinq à chaque canton du chef, quatre à chaque canton de la pointe , qui est de Taulignan ; aux 2e et 3e d'argent à deux fasces de gueules, qui est de Barres ; sur le tout : d'azur, au bélier d'argent, accorné et onglé d'or, accompagné en chef d'une étoile du même , qui est de Blégiers.

La maison de Taulignan , qui descendait de

BERTRAND DE TAULIGNAN, vivant en 1120, s'éteignit en 1666 dans celle de Blégiers , par le mariage de Françoise de Taulignan , baronne de Barres , avec Joseph-François de Blégiers , seigneur d'Antelon , dont la postérité porte le nom et les armes de Taulignan.

La famille de Blégiers est connue, d'après M. de Courcelles , depuis

PIERRE DE BLÉGIERS, qui rendit hommage à Pierre de Beaumont , évêque de Vaison, en 1296 ; mais sa filiation , ajoute le même auteur , n'est littéralement prouvée que depuis

ANTOINE DE BLÉGIERS, vice-recteur du comtat Venaissin, en 1511.

Il n'existe à Montpellier aucun descendant mâle de cette famille.

Voyez : De Courcelles, *Dictionnaire de la noblesse*, tome IV, pages 179 et 288. — Pithon-Curt, *Histoire de la noblesse du comtat Venaissin*.

—

DE BONAFOUS

Armes : D'or, à une aigle à deux têtes de sable, au vol abaissé.

Famille originaire du Rouergue.

« La plupart des titres de cette maison
» ayant été brûlés lors du siége de Castel-
» nau-de-Brassac, en 1628, et ceux qui
» avaient échappé à ce désastre ayant passé
» dans les mains d'un Bonafous, écuyer de
» la reine Anne, qui a fait branche en An-
» gleterre, les représentants actuels de la

6

» famille se trouvent aujourd'hui dans l'im-
» possibilité d'établir une filiation régulière
» et non interrompue......

» Au commencement du XVIe siècle deux
» gentilshommes du nom de Bonafous, venus
» de la province de Rouergue, s'établirent
» dans le diocèse de Castres, en Languedoc,
» où ils possédèrent les terres d'Espelausses,
» de Sarrelas, de Saven, auxquelles ils
» joignirent, en 1533, celles de Méroges,
» du Theil, etc. » (*Livre d'or de la no-*
blesse, par le marquis de Magny.)

Étienne Bonafous, avocat et juge du marquisat de Calvisson, fit enregistrer ses armes
à l'armorial général de 1697.

Voyez : *Livre d'or de la noblesse*, par le marquis de
Magny, 3e registre 1846, page 49. — *Armorial ma-*
nuscrit de la bibliothèque de Montpellier.

DE BONALD.

Armes : Ecartelé : au 1ᵉʳ et 4ᵉ d'azur à l'aigle d'or ; au 2ᵉ et 3ᵉ d'or, au griffon rampant de gueules.

Cimier : Un chérubin de gueules portant l'écusson avec un cordon de sinople.

Originaire du Rouergue.

On trouve, dans l'*Histoire du Languedoc*, un abbé de Bonald, en 817. Ce nom paraît aussi dans plusieurs actes des XIᵉ, XIIᵉ, XIIIᵉ et XIVᵉ siècles.

La filiation prouvée de cette famille commence à

JEAN Iᵉʳ DE BONALD, seigneur de Concourès, en 1497.

Le nom de Bonald a été illustré de nos jours par le célèbre philosophe Louis-Gabriel-Ambroise vicomte de Bonald, pair de France, membre de l'Académie.

Cette famille a donné un chevalier de l'ordre de Malte, en 1716. Elle a été maintenue dans sa noblesse par jugement de

M. Samson, intendant de Montauban, en
date du 26 janvier 1698.

Voyez : De Barrau, *Documents historiques et généalogiques sur le Rouergue.* — Dom Vaissette, *Histoire du Languedoc.* — Vertot, *Histoire des chevaliers
de Malte.*

DE BORNIER.

Armes : D'azur, à la borne d'argent, accostée de deux épis de blé
d'or, sur une terrasse d'argent ; au chef cousu de gueules, chargé
d'un soleil d'or, entre deux étoiles de même.

Auteur : PHILIPPE DE BORNIER, président
en la Chambre des comptes de Montpellier,
pourvu le 8 mars 1617.

Un autre Philippe de Bornier, lieutenant
particulier au présidial de Montpellier, mort
en 1711, est connu par plusieurs ouvrages
de droit estimés.

Cette famille a été maintenue dans sa noblesse par jugement de M. de Bezons, en
date du 24 septembre 1668.

Voyez : *Pièces fugitives*, tome II, *jugements sur la noblesse*, page 54, N° 98. — D'Aigrefeuille, *Histoire de Montpellier*. — Moréri, *Dictionnaire historique*, édition de 1732, tome V. — *Procès-verbal* de 1789.

—

DE BOSC.

Armes : Écartelé : aux 1er et 4e d'or, au corail de gueules sur une terrasse de sinople, qui est de Bosc ; aux 2e et 3e d'argent, au chevron d'azur accompagné en pointe d'un lion de gueules, au chef d'azur chargé de trois étoiles d'or, qui est de Scorbiac.

On voit, dans l'*Histoire de Montpellier* de d'Aigrefeuille, que FRANÇOIS BOSC était avocat-général près la Cour des aides de Montpellier en 1477.

On trouve en outre : Laurent Bosc, conseiller-secrétaire du roi en 1674 ;

François Bosc, trésorier de France, en 1692 ;

Henry Bosc, conseiller en la Cour des comptes, aides et finances en 1706.

Voyez : D'Aigrefeuille, *Histoire de Montpellier,* listes des officiers près la Cour des aides, près la Cour des comptes, des secrétaires du roi et des trésoriers de France.

DE BOSQUAT (1).

Armes : De gueules, eu chêne d'argent, surmonté d'une fleur de lis d'or.

De Caux, qui a publié en 1676 le catalogue des gentilshommes maintenus dans leur noblesse par M. de Bezons, donne à cette famille le nom de *Bousquat.* Le marquis d'Aubais, dénaturant la dernière syllabe de ce nom, la désigne sous celui de *Bousquet,* et donne sa filiation depuis

ANTOINE BOUSQUET, qui épousa, le 4 janvier 1552, Jeanne Pradines.

---

(1) Cette famille est désignée dans les divers auteurs sous les noms de *Bousquet, Bousquat, Bosquat, Boscal* et *Boscat.* Les armoiries, qui sont constamment les mêmes, et la qualité de seigneur de *Réals* jointe à ces différents noms, prouvent évidemment leur identité.

Outre plusieurs Bosquat, conseillers en la Cour des comptes à partir de l'an 1690, d'Aigrefeuille fait mention de

JEAN DE BOSCHA, conseiller en la Cour des aides en 1503.

La famille de Bosquat, dont il n'existe aucun descendant mâle à Montpellier, a été maintenue dans sa noblesse par jugement de M. de Bezons, en date du 6 octobre 1670.

Voyez : *Pièces fugitives*, tome II, *jugements sur la noblesse*, page 58, Nº 105. — De Caux, *Catalogue des gentilshommes de Languedoc*, page 40. — Jouffroy d'Eschavannes, *Armorial universel*, tome I et tome II, articles *Bousquat* et *Boscal de Réals*. — D'Aigrefeuille, *Histoire de Montpellier*, liste des officiers près la Cour des comptes. — *Procès-verbal de* 1789.

BOUDON DE LA ROQUETTE.

Nous n'avons trouvé aucun renseignement sur cette famille.

DE BOUSSAIROLLES.

Armes : Écartelé : aux 1er et 4e d'argent, à trois tourteaux de gueu-les, posés 1 et 2 ; au chef d'azur, chargé d'un renard passant d'or ; aux 2e et 3e d'azur, à la campanule d'argent, tigée et feuillée d'or (1).

Auteur : FULCRAND BOUSSAIROLLES, con-seiller en la Cour des comptes, aides et finances de Montpellier, en 1737.

Jacques-Joseph de Boussairolles, seigneur de la Mogère, la Moure et du Bourg, che-valier, conseiller en la Cour des comptes, aides et finances de Montpellier, et Jacques-Joseph de Boussairolles fils, ont assisté à l'assemblée de la noblesse de la sénéchaussée de Montpellier, en 1789.

Voyez : D'Aigrefeuille, *Histoire de Montpellier,* liste des conseillers en la Cour des comptes. — *Procès-verbal de* 1789.

---

(1) Jacques-Joseph de Boussairolles, président à la Cour impériale de Montpellier, ayant été nommé baron le 19 juin 1813, ajouta à ses armes, selon les règles de l'armorial de l'empire, le signe distinctif des barons présidents des Cours impériales, qui est *un franc-quartier sénestre de gueules à la toque de sable retroussée d'hermine.*

BRONDEL DE ROQUEVAIRE.

Armes :

ALEXANDRE BRONDEL DE ROQUEVAIRE, seigneur de Mujolan et de Fabrègues, a assisté à l'assemblée de la noblesse de la sénéchaussée de Montpellier, convoquée en 1789 pour la députation aux États-Généraux.

Voyez : *Procès-verbal de 1789.*

BRUN.

Armes :

PIERRE-FRANÇOIS BRUN, écuyer, habitant de Poussan, fut présent à l'assemblée de la noblesse de la sénéchaussée de Montpellier, convoquée le 16 mars 1789 pour la députation aux États-Généraux.

On trouve, dans la liste des officiers près la Cour des comptes, aides et finances, dans l'*Histoire de Montpellier*, des correcteurs et des conseillers de ce nom.

Voyez : *Procès-verbal de 1789.* — D'Aigrefeuille, *Histoire de Montpellier.*

DE CADOLE.

Armes : De gueules, au croissant d'argent renversé, accompagné en pointe d'une étoile d'or.

Lachenaye-Desbois donne la généalogie de la maison de Cadole, originaire du Languedoc, depuis

GUIBERT DE CADOLE, marié en 1280 à Marguerite de Langlade.

En 1410, François de Cadole, par son mariage avec Luce de Montredon, devint coseigneur de Lunel, en paréage avec le roi. Le fief de Lunel resta dans la famille de Cadole jusqu'en 1789. De cette possession vient, sans doute, l'analogie que l'on remarque entre les armes de cette maison et celles de la ville de Lunel.

Cette famille a donné un chevalier de Malte en 1793; elle a été maintenue dans sa noblesse par jugement de M. de Bezons, en date du 12 novembre 1668.

Voyez : *Pièces fugitives*, tome II, *jugements sur la noblesse*, page 65, N° 122. — Lachenaye-Desbois, *Dictionnaire de la noblesse*, tome III, page 402. — *Procès-verbal de* 1789. — Saint-Allais, *Dictionnaire encyclopédique de la noblesse*, tome II, page 498. — Saint-Allais, *Nobiliaire universel*, tome IV, page 109, liste des chevaliers de Malte.

DE CALVIÈRE.

Armes : D'or, à trois fasces de sable, chargées chacune de deux besants d'argent; au chef du même chargé d'un sanglier passant de sable. (Lachenaye-Desbois.)

Aliàs : Fascé d'or et de sable, à 6 besants d'argent, 3, 2 et 1 ; au chef d'argent, chargé d'un sanglier de sable passant sur des flammes de gueules. *(Pièces fugitives.)*

La généalogie de la famille de Calvière, originaire du comtat Venaissin, se trouve dans le *Dictionnaire* de Lachenaye-Desbois et dans le *Nobiliaire* de Pithon-Curt, à partir de

ANTOINE et RAIMOND DE CALVIÉRE frères, qui transigèrent avec Clément Abbaron, le 4 août 1508.

Ce nom, ajoute Pithon-Curt, est ancien en Languedoc. On trouve un Arnaud Calvière, témoin au serment de fidélité prêté par les habitants de Moissac à Raimond VI, comte de Toulouse, le 12 des kalendes de mai 1197.

Cette famille a été maintenue dans sa

noblesse par jugements de M. de Bezons, en
date des 16 janvier 1621, 3 décembre 1668,
21 et 22 août 1669.

Voyez : *Pièces fugitives*, tome II, *jugements sur la
noblesse*, page 68, Nº 125. — Lachenaye-Desbois,
Dictionnaire de la noblesse, tome III, page 432. —
Pithon-Curt, *Histoire de la noblesse du comté Venaissin*, tome IV, page 418. — Ménard, *Histoire de
Nimes*. — Saint-Allais, *Dictionnaire encyclopédique
de la noblesse*, tome II, page 397.

—

DE CAMARET.

Armes : De gueules, au chevron d'or, accompagné de trois croissants de même.

« Famille originaire du bourg de Carombe,
» au diocèse de Carpentras, et fixée à Per-
» nes, au comtat Venaissin. Elle paraît dans
» l'ordre de la noblesse depuis le milieu du
» XVIᵉ siècle, et compte de nos jours un
» évêque de Fréjus. » (De Courcelles.)

Voyez : De Courcelles, *Dictionnaire de la noblesse*,
tome I, page 132.

DE CAPRIOL.

Armes : Parti , au 1er d'azur à la chèvre saillante d'or (1); au 2e d'argent à trois mouchetures d'hermine de sable , posées 2 et 1.

La famille de Capriol, originaire de l'Albigeois, a prouvé sa filiation, devant M. de Bezons, depuis

JACQUES CAPRIOL, seigneur de Mandouls, qui rendit hommage en 1349.

Elle a été maintenue dans sa noblesse par jugement du 22 septembre 1669, et a donné un chevalier de l'ordre de Malte en 1783.

Voyez : *Piéces fugitives, tome III, jugements sur la noblesse,* page 30, No 718. — De Barrau, *Documents historiques et généalogiques sur le Rouergue,* tome II, page 287. — Saint-Allais, *Nobiliaire universel,* t. IV, p. 110, liste des chevaliers de Malte. — Saint-Allais, *Dictionnaire encyclopédique de la noblesse,* tome III, page 7.

---

(1) On a indiqué par erreur, dans les *Pièces fugitives,* aux armes de cette famille, une *chaîne* au lieu d'une *chèvre.*

DE CHAUSSANDE.

Armes : De sinople , à trois bandes d'or, au chef du même, chargé d'une étoile de gueules.

JEAN DE CHAUSSANDE, tige des seigneurs titulaires de Saint-Roman , à Carpentras , épousa, en 1497, Marguerite de Bus (Pithon-Curt).

Pithon-Curt (*Histoire de la noblesse du comtat Venaissin*) et Pérussis (*Histoire des guerres du comtat Venaissin*) font mention de plusieurs membres de cette famille.

Voyez : Pithon-Curt , *Histoire de la noblesse du comté Venaissin*, etc., tome I, pages 220 et 329. — *Pièces fugitives*, t. I, *Histoire des guerres du comté Venaissin, de Provence et de Languedoc*, etc., par Louis de Pérussis, page 19.

DE CHAZELLES.

Armes : D'azur, à la tête de lion d'or, allumée et lampassée de gueules, au chef cousu du même, chargé à dextre d'une étoile et à sénestre d'un croissant d'argent.

Il existe une famille de Chazelles, originaire d'Auvergne, connue depuis GÉRAUD DE CHAZELLES, vivant en 1266. Lainé et Saint-Allais regardent la famille de Chazelles-Lunac, en Languedoc, comme une branche de la précédente. M. Bouillet (*Nobiliaire d'Auvergne*), sans se prononcer d'une manière décisive sur cette question, ne trouve pas la généalogie dressée par Saint-Allais suffisamment justifiée.

Voyez : Bouillet, *Nobiliaire d'Auvergne*, tome II, page 188. — Saint-Allais, *Nobiliaire universel*, t. I, page 495. — *Procès-verbal de* 1789. — Saint-Allais, *Dictionnaire encyclopédique de la noblesse*, tome II, page 448.

DE CHRISTOL.

On trouve un DE CHRISTOL parmi les gentilshommes du diocèse de Béziers qui, en 1789, ont signé le mémoire sur le droit qu'avait la noblesse de nommer ses députés aux États-Généraux du royaume.

—

DAUDÉ D'ALZON ET DE LAVALETTE.

Armes : De gueules, au lion d'argent, couronné d'or, soutenant dans sa patte dextre une fleur de lis de même.

On trouve dans l'*Histoire du fanatisme*, par Brueys, un DAUDÉ, juge au Vigan et subdélégué de l'intendant de la province, qui fut assassiné par les Camisards en 1704.

D'Hozier, dans le VIe registre de son *Armorial* (article *de la Cour*), cite une alliance avec la famille Daudé de Lavalette.

7.

Branches existantes : 1° Daudé d'Alzon (Montpellier),

2° Daudé de Lavalette (Montpellier),

3° Daudé du Poussey (Lyon).

Voyez : Jouffroy d'Eschavannes, *Armorial univer-sel*, tome II. — D'Hozier, *Armorial*, VIᵉ registre, article *de la Cour.* — Brueys, *Histoire du fanatisme.* — *Procès-verbal de* 1789.

DE DAX D'AXAT.

Armes : D'azur, au chevron d'or, chargé sur la pointe d'une quin-tefeuille de gueules.

D'Hozier donne, dans son *Armorial*, la généalogie de cette famille depuis

ARNAUD DAX, seigneur de Leuc, de la Serpent, du Lion, d'Axat et de Trévas, qui testa le 4 mai 1478.

Les titres produits devant M. de Bezons remontent à la même époque, et l'on ne sait comment s'expliquer que, après d'Hozier et

M. de Bezons, qui ont eu entre les mains
les actes authentiques relatifs à Arnaud de
Dax, M. de Courcelles vienne le premier
parler de l'anoblissement de ce même Arnaud
en 1457.

La famille de Dax, en faveur de laquelle
la terre d'Axat fut érigée en marquisat en
1740, a donné deux chevaliers de Saint-Michel, un grand chambellan et grand prévôt
des maréchaux du royaume de Sicile, et un
chevalier de Malte reçu en 1704. Elle a été
maintenue dans sa noblesse par jugement de
M. de Bezons, en date du 22 août 1668.

Voyez : D'Hozier, *Armorial général de France*,
registre I, 1re partie, page 186. — *Pièces fugitives*,
tome III, *jugements sur la noblesse*, page 44, No 760.
— De Courcelles, *Dictionnaire de la noblesse*, t. III,
page 176 — Vertot, *Histoire des chevaliers de Malte*.

DELPUECH DE COMEIRAS.

Armes : De gueules, à un château d'argent, donjonné de trois tours de même, maçonnées de sable.

GUILLAUME DEL PUECH (de Podio), damoiseau, seigneur du château del Puech, soumit ses fiefs à la foi et hommage de l'abbé de Cendras, par acte du 4 des nones d'août 1289. (Lachenaye-Desbois.)

Jean del-Puech, seigneur de Comeiras, en 1664, d'où le nom de Comeiras.

Voyez : Lachenaye-Desbois, *Dictionnaire de la noblesse*, t. V, pag. 548. — De Magny, *Livre d'or de la noblesse*. — *Procès-verbal de* 1789.

DES-HOURS DE CALVIAC.

Armes : Bandé d'argent et de gueules de six pièces, au chef d'argent chargé d'une rose de gueules, boutonnée d'or, et soutenu d'une fasce en divise d'or, chargée d'une anguille d'azur.

Lachenaye-Desbois dit la famille Ursi, Des-Ours ou Des-Hours, originaire d'Italie, sans affirmer, comme le fait M. Borel d'Hauterive (*Annuaire de* 1852), qu'elle tire son origine de la maison italienne Orsini, en français des Ursins (1), qui a produit cinq papes, plus de trente cardinaux et un grand-maître de Rhodes.

Il est à remarquer cependant que la famille Des-hours porte les mêmes armes que la maison Orsini ou des Ursins.

La généalogie donnée par Lachenaye-Desbois, commence à

---

(1) On sait que la famille Jouvenal ou Jouvenel des Ursins n'avait aucun rapport de parenté avec la maison italienne Orsini. En 1388, la ville de Paris fit don de l'hôtel des Ursins à Jean Jouvenel, prévôt des marchands, qui ajouta ce nom à celui de sa famille

JEANNET URSI, qui obtint une pension de René, roi de Sicile, par brevet du 18 janvier 1474.

Antoine et Jacques Ursi acquirent la terre de Calviac, le 15 décembre 1524, d'où le nom de Calviac.

Voyez : Lachenaye-Desbois, *Dictionnaire de la noblesse*, tome XII, page 712. — Borel d'Hauterive, *Annuaire de la noblesse de 1852*.

DUMAS DE MARVEILLE.

Armes : D'azur, à trois besants d'or.

D'après M. Borel d'Hauterive (*Annuaire de la noblesse*, année 1852), la famille Dumas de Marveille descendrait de

JEAN DUMAS, seigneur de l'Isle et de Banegon, chambellan du roi, grand-maître des eaux et forêts de France, en 1477.

Arnaud Dumas, seigneur de Marveille,

en 1550, aurait le premier porté le nom de Marveille.

M. Borel d'Hauterive donne pour armes à cette famille : *D'azur, à trois besants d'or.* Quelques membres, ajoute-t-il, chargent l'écu d'une fasce d'or.

On trouve, dans Lachenaye-Desbois et dans Robert de Briançon, la famille du Mas de l'Isle, dont les armes sont : *D'azur, à la fasce d'or, accompagnée de trois besants du même*, et qui remonterait seulement à Robert du Mas, seigneur de l'Isle, chambellan du roi, en 1505. Ces auteurs ne font point mention des seigneurs de Marveille.

La famille Dumas de Marveille a été maintenue dans sa noblesse par lettres patentes de Louis XVI, en janvier 1784.

Voyez : Borel d'Hauterive, *Annuaire de la noblesse,* année 1852. — Lachenaye-Desbois, t. IX, p. 584. — Robert de Briançon, tome II, page 355. — Le P. Anselme, *Histoire des grands-officiers de la couronne*, tome VIII.

DURAND.

Armes : De sinople, au navire équipé et habillé d'argent, surmonté de deux étoiles d'or.

L'écu timbré d'un casque de profil, orné de ses lambrequins.

Devise : *Fert patriæ facilem annonam.*

DURAND (RAYMOND), négociant à Montpellier, fut anobli par lettres patentes, données à Versailles au mois de mars 1789, et enregistrées au parlement de Toulouse, le 30 avril de la même année.

La cause de cet anoblissement, relatée dans les lettres patentes, est la belle conduite du sieur Raymond Durand, qui, dans l'année 1774, sauva la province du Languedoc des horreurs de la famine, en faisant distribuer des provisions de blé considérables, se refusant constamment à l'augmentation de prix qu'on lui proposait.

Le roi Louis XV, instruit d'une conduite et d'un désintéressement aussi rares, chargea l'abbé Terray, contrôleur général des finances, de témoigner au sieur Durand toute sa satisfaction pour cet acte de patriotisme. (Extrait des *Lettres de noblesse*).

—

DURAND.

Armes : Parti : au 1er d'azur, à un vaisseau habillé d'argent, voguant sur des ondes de même et portant au couronnement de la poupe cette inscription : *Scandinavia fausta* ; au 2e d'or, à une montagne de sinople mouvant du flanc sénestre, surmontée à dextre d'une étoile de gueules ; au chef, brochant sur le parti, d'argent, chargé d'une ancre de sable entourée d'un cable de gueules.

DURAND (MARIE-JACQUES), membre de la Chambre des députés, né à Perpignan (Pyrénées-Orientales) le 11 août 1758, décoré du titre de baron par ordonnance royale du 3 janvier 1816.

Lettres patentes en date du 9 mars 1816, enregistrées à la commission du sceau, registre T, folio 57 ;

Enregistrées à la Cour de Montpellier, le 23 mai 1816. — Malbec, greffier, *signé*.

—

DURRANC DE VIBRAC.

Armes : D'azur, au rocher d'or, soutenant deux palmes de même, accostées de deux roses aussi d'or ; accompagné en chef d'un croissant d'argent.

Les titres produits devant M. de Bezons établissent la filiation de la famille Durranc de Vibrac depuis

BERNARDIN DURRANC, seigneur de VIBRAC, qui épousa, le 19 août 1548, Isabeau de Blausac.

. Cette famille compte deux chevaliers de Malte, reçus, l'un en 1661, l'autre en 1786 ; elle a été maintenue dans sa noblesse, par jugement de M. de Bezons, en date du 5 décembre 1668.

Voyez : *Pièces fugitives*, tome II, *jugements sur la noblesse*, page 115, No 212. — *Procès-verbal de* 1789. — Vertot, *Histoire des chevaliers de Malte*. — Saint-Allais, tome IV, liste des chevaliers de Malte.

DE FABRE DE LATUDE.

Armes : D'azur, à la tour d'argent renversée et surmontée d'un pélican d'or avec ses petits du même.

L'*Armorial général* de d'Hozier contient la généalogie de cette famille depuis

GEORGES FABRE, dont le fils LOUIS FABRE, seigneur de Villecœur, de Pégairoles et de Leyras, épousa, le 26 février 1551, Péronne de Prunières.

Louis de Fabre, IIe du nom, épousa, le 5 janvier 1615, Jeanne de Latude, d'où vient le nom de Latude que sa postérité a conservé.

On voit dans d'Hozier que Louis-Auguste Fabre de Latude fut reçu chevalier de Malte en 1713.

Jugement de maintenue de noblesse rendu par M. de Bezons, en faveur de cette famille, le 15 janvier 1671.

Voyez : D'Hozier, *Armorial général de France*, Ier registre, 1re partie, page 225. — *Pièces fugitives*, tome II, *jugements sur la noblesse*, p. 117, N° 217. — Lachenaye-Desbois, *Dictionnaire de la noblesse*, tome VI, page 227 (pour les armes seulement). — Saint-Allais, *Dictionnaire encyclopédique de la noblesse*, tome II, page 361.

DE FABRE DE MONTVAILLANT
ET DE LAVALETTE.

Armes : Écartelé : au 1er et 4e d'azur, au dextrochère d'or mouvant du côté sénestre de l'écu et sortant d'une nuée d'argent, tenant une épée de même dont la pointe supporte une couronne fleurdelisée d'or ; accompagné à dextre d'un lion contourné et couronné d'or, armé et lampassé de gueules, supportant d'une de ses pattes une fleur de lis d'or ; en pointe un casque de même, posé de profil et ombragé de plumes d'argent, qui est de Fabre. Au 2e et 3e d'or, à deux palmes de sinople en sautoir, à la fasce de gueules brochant sur le tout, qui est de Saunier.

Cette famille, originaire de Provence, descend de

GASPARD FABRE, mestre de camp des bandes provençales et capitaine de vaisseau,

armé chevalier par Henri II, le 15 juillet
1555 ; créé chevalier de l'ordre du roi, en
1571.

Cæsar de Nostradamus (*Histoire et chronique de Provence*) dit, dans son style naïf,
en parlant de Gaspard de Fabre : « Le roi,
» au conspect de plusieurs princes et grands
» seigneurs, lui donna l'accolade et la cein-
» ture militaires avec lettres patentes con-
» formes à de tels honneurs...... que fina-
» lement il reçut de la propre main de
» Charles le collier de Saint-Michel, qu'il
» porta avec toute foy, décence et gravité...
» Si que voilà un loyal et légitime commen-
» cement de noblesse qui mérite d'estre sceu
» et d'avoir part en ceste histoire, pour
» servir de lampe et d'exemple à ceux qui
» ne sont nais nobles. »

Gaspard de Fabre, II⁰ du nom, épousa,
le 25 mars 1580, Anne de Saunier, et s'engagea à porter les armes de Saunier.

Branches existantes : 1⁰ De Fabre de
Montvaillant (Montpellier),

2⁰ De Fabre de Lavalette (Montpellier).

Les noms de Montvaillant et de Lavalette ont été empruntés à des fiefs possédés autrefois par cette famille.

Voyez : Robert de Briançon, *Nobiliaire de Provence*, tome II, page 38. — Lachenaye-Desbois, *Dictionnaire de la noblesse*, tome VI, page 227 (pour les armes seulement). — L'*Annuaire de la noblesse*, par Borel d'Hauterive, année 1847. — De Courcelles, *Dictionnaire de la noblesse*, tome III, page 204. — Nostradamus, *Histoire et chronique de Provence*, page 807. — *État de la France*, par le comte de Boulainvilliers, tome VIII, page 185. — Maynier, *Nouveau état de Provence*, 2ᵉ partie, page 72.

FABRE (DE ROUSSAC).

Armes : De gueules, au chevron d'or, accompagné de deux quintefeuilles d'argent.

N..... Fabre, procureur-général à Montpellier, nommé baron par l'empereur Napoléon Iᵉʳ.

DE FESQUET.

On trouve, dans l'*Histoire* de d'Aigrefeuille, plusieurs conseillers près la Cour des comptes, aides et finances du nom de Fesquet.

Le *Procès-verbal de l'assemblée de la noblesse en 1789* fait mention d'un Jean-Jacques de Fesquet, chevalier, conseiller en la Cour des comptes, aides et finances de Montpellier.

Nous ignorons si ce sont les auteurs directs de la famille de ce nom actuellement existante à Montpellier.

Voyez : D'Aigrefeuille, *Histoire de Montpellier*, liste des officiers près la Cour des comptes, aides et finances. — *Procès-verbal de* 1789.

—

DE FORTON.

Armes : D'azur, à deux colonnes d'argent.
Supports : Deux colonnes.
Devise : Fidelitas et justitia.

Famille originaire des frontières d'Espagne. Sa généalogie a été dressée par d'Hozier, et se trouve dans un arrêt de maintenue de noblesse rendu par la Cour des aides de Montpellier, le 11 janvier 1764. Elle remonte par titres à l'an 1475. (De Courcelles.)

Noble Jean-Louis de Forton, juge-mage en la sénéchaussée de Beaucaire et Nîmes, a fait enregistrer ses armes à l'armorial général de 1697.

Jean-Antoine de Forton, nommé marquis par lettres patentes du 8 mars 1817, fut président à la Chambre des comptes, et plus tard premier président à la Cour royale de Montpellier.

Voyez · De Courcelles, *Dictionnaire de la noblesse,*

tome III, page 221. — Jouffroy d'Eschavannes, *Armorial universel*, tome II, page 164. — *Armorial manuscrit* à la bibliothèque de Montpellier, art. 124.

—

DE FROMENT.

On trouve, dans l'*Armorial universel* de M. Jouffroy d'Eschavannes, dans le *Dictionnaire* de Lachenaye-Desbois et dans les *Pièces fugitives*, plusieurs familles du nom de Froment, portant des armes différentes. Nous ignorons à laquelle de ces maisons se rattache la famille représentée à Montpellier.

—

GERVAIS DE ROUVILLE.

Armes :

On lit dans Saint-Allais, tome VI, page 59, article de *Salvaire d'Aleyrac :*
Jean-Élie de Salvaire, Iᵉʳ du nom, baron

des Plantiers, petit-fils de Jean Salvaire, seigneur de Rouville, épousa demoiselle Jeanne de Gervais.

DE GINESTOUS.

Armes : D'or, au lion de gueules, armé et lampassé de sable.
Cimier : Un demi-sauvage, la massue haute.
Devise : Stabit atque florebit.

(Lachenaye-Desbois.)

Aliàs : Écartelé : aux 1er et 4e d'or, au lion de gueules, armé et lampassé de sable, qui est de Ginestous ; aux 2e et 3e d'argent à trois fasces crénelées de cinq pièces chacune, de gueules.

(Pièces fugitives.)

Cette famille, originaire du Languedoc, remonte sa filiation, d'après Lachenaye-Desbois, à

HUGUES DE GINESTOUS qui fit une reconnaissance à Roger, vicomte de Béziers, le 11 des calendes de septembre 1181, avec serment de fidélité et promesse de le servir dans toutes les guerres qu'il avait avec le comte de Toulouse. Cet acte se trouve tout au long dans l'*Histoire du Languedoc.*

Cette famille compte trois chevaliers de Malte, reçus en 1666, 1781 et 1782. Elle a fait ses preuves pour les honneurs de la Cour, les 27 novembre 1781, 19 janvier 1782 et 4 mai 1786. Elle a été maintenue dans sa noblesse par jugements de M. de Bezons, en date des 17 octobre et 5 novembre 1668.

Les branches existantes sont, d'après Lachenaye-Desbois :

De Ginestous du Castellet (Montpellier),

De Ginestous de Bosgros et des Gravières (Le Vigan).

Voyez : *Pièces fugitives,* tome II, *jugements sur la noblesse,* page 136, Nᵒˢ 257, 258, 259 et 260. — Lachenaye-Desbois, *Dictionnaire de la noblesse,* tome VII, p. 219. — Artefeuil, *Histoire héroïque de la noblesse de Provence,* tome I, page 488. — Dom Vaissette, *Histoire du Languedoc.* — Vertot, *Histoire des chevaliers de Malte.* — *Procès-verbal* de 1789. — Saint-Allais, *Dictionnaire encyclopédique de la noblesse,* tome II, page 26.

DE GIRARD.

Armes : D'azur, à la tour donjonnée de trois pièces d'argent, maçonnée de sable ; au chef cousu de gueules, chargé d'une étoile d'or adextrée d'un lion naissant du même, et sénestrée d'un croissant versé d'argent.

« La famille de Girard, seigneurs de Châ-
» teauvieux, de Soucanton, de Vézenobre,
» de La Motte, originaire du Languedoc, est
» répandue dans les provinces du Dauphiné,
» de Bretagne et de Hainaut. L'histoire du
» Languedoc et celle de Nîmes en font men-
» tion depuis le XIIe siècle. On y voit du
» nom de Girard des évêques de Nîmes,
» d'Uzès, de Mende, etc. » (De Courcelles.)

Les pièces produites devant M. de Bezons en font remonter la filiation prouvée jusqu'à

ANTOINE DE GIRARD, seigneur de Soucanton et en paréage de Vézenobre, marié, le 24 janvier 1474, à Aigline de Mandagout.

On trouve, dans le *Gallia Christiana*, Aimeri de Girard, évêque de Nîmes en 1340,

et Robert de Girard, né à Vézenobre, évêque d'Uzès en 1570.

M. Germain, dans son *Histoire de l'Église
de Nîmes*, fait aussi mention d'Aimeri de
Girard, issu, dit-il, d'une famille de Vézenobre.

La *Revue historique de la noblesse*, fondée
par M. André Borel d'Hauterive, et publiée
sous la direction de M. de Martres, confond
en une seule plusieurs familles du nom de
Girard portant des armes différentes et habitant diverses provinces.

Jugement de maintenue de noblesse rendu
par M. de Bezons, en date du 6 décembre
1668.

Branches existantes : 1° De Girard de
Vézenobre (Montpellier et Lavaur),
2° De Girard du Lac (Montpellier),
3° De Girard de Coehorn (Hollande),
4° De Girard de Châteauvieux (Bretagne).

Voyez : *Pièces fugitives*, tome II, *jugements sur la
noblesse*, page 143, N° 262. — Saint-Allais, *Nobiliaire
universel*, tome III, page 168. — De Courcelles,

Dictionnaire de la noblesse, tome I, p. 286. — *Gallia christiana*, tome VI, pag. 450 et 645. — Germain, *Histoire de l'Église de Nîmes*, tome I, page 390. — *Revue historique de la noblesse*, tome III, page 287. — *Procès-verbal de* 1789.

DE GIRARD.

Armes : Gironné d'azur et d'argent de 6 pièces, au chef du premier, chargé d'un soleil d'or.

L'écu timbré d'un casque taré de profil, orné de ses lambrequins.

GIRARD (FRANÇOIS-FRÉDÉRIC), maire de Fabrègues, né à Agde le 2 avril 1776, anobli le 13 mars 1820.

Enregistré en vertu de l'ordonnance de la Cour de Montpellier, le 24 avril 1820. — Malbec, greffier, *signé.*

Nota. On trouve, dans les *Pièces fugitives* et dans Lachenaye-Desbois, une famille de Girard, seigneurs de Colondres, et plus tard marquis de Pézennes. Cette famille est aujourd'hui éteinte. Elle portait pour armes :

Écartelé : aux 1er et 4e d'argent à une fasce de gueules chargée d'un lion léopardé d'or, et accompagnée en pointe d'une quintefeuille d'azur ; aux 2e et 3e d'or, à trois merlettes de sable ; sur le tout, losangé d'argent et de gueules.

—

DE GRAVE.

Armes : Écartelé : aux 1er et 4e d'azur, à 3 fasces ondées d'argent ; aux 2e et 3e d'or, à cinq merlettes de sable, deux, une et deux (1).
Cimier : Une tête de géant percée d'une lance.

« L'origine de cette famille, dit Lache-
» naye-Desbois, se perd dans l'obscurité
» des temps les plus reculés.
» Raymond, Guillaume, Arnauld et Bé-

---

(1) Le marquis d'Aubais blasonne par erreur les deuxième et tro-sième quartiers : *D'azur à cinq merlettes de sable*, ce qui est con-traire aux lois du blason. Les armes d'or à cinq merlettes de sable sont celles de la famille de Merle. En 1405, Hugues de Grave fut insti-tué héritier de son oncle maternel Fouquet de Merle, à condition de porter son nom et ses armes.

» renger étaient les anciens noms de ceux
» de cette famille : ils signaient les chartes
» et autres actes avec les comtes de Barce-
» lonne et de Provence, les vicomtes de
» Béziers, les ducs d'Alby et les Guillaume,
» seigneurs de Montpellier.

» Les seigneurs de Grave avaient des
» troupes à leur solde en 1150. Matthieu de
» Grave, seigneur de Lucatte, vainquit
» celui qui s'était emparé de la ville de
» Périac, et délivra le pays de la tyrannie;
» et l'on voit, depuis ce temps-là, que les
» armes de cette maison ont toujours eu
» pour cimier une tête de géant percée
» d'une lance. »

Filiation établie depuis

ÉLÉAZAR DE GRAVE, seigneur de Périac,
lequel eut pour successeur Éléazar de Grave,
IIe du nom, chevalier, vivant en 1231.
(Lachenaye-Desbois.)

Cette famille a donné un chevalier de
Malte, en 1571.

Elle a été maintenue dans sa noblesse par
jugements de M. de Bezons, en date du

19 décembre 1668 et du 7 novembre 1669,
et a obtenu les honneurs de la Cour, le
27 avril 1788.

Voyez : *Pièces fugitives*, tome II, *jugements sur la noblesse*, page 146, N° 267, et tome III, *jugements sur la noblesse*, page 70. — Lachenaye-Desbois, *Dictionnaire de la noblesse*, tome VII, page 431. — Dom Vaissette, *Histoire du Languedoc*. — Saint-Allais, *Nobiliaire universel*, tome IX, page 35. — *Procès-verbal de 1789*. — Vertot, *Histoire des chevaliers de Malte*. — Moréri, *Grand Dictionnaire historique*, supplément de 1749, tome I.

—

HUC.

Nous n'avons trouvé aucune ordonnance
qui conférât à M. Charles Huc, député de
l'Hérault au Corps législatif, le titre de baron
qu'il prenait de son vivant depuis 1830.

—

IMBERT DES ESSARS.

Armes : Écartelé : aux 1er et 4e d'argent , au chevron de gueules accompagné de trois anilles de sable ; aux 2e et 3e d'azur à trois molettes d'éperon d'or.

« Badier, continuateur du *Dictionnaire*
» de Lachenaye-Desbois, dit cette famille
» originaire du Nivernais, et issue d'Alexis
» d'Imbert de La Platière, lieutenant des
» toiles du roi et neveu du maréchal de
» Bourdillon. » (De Courcelles.)

Voyez : De Courcelles, *Dictionnaire de la noblesse,* tome III, page 306. — Jouffroy d'Eschavannes, *Armorial universel,* tome I, page 221.

DE JACOMEL.

Armes : D'argent, à trois feuilles de vigne de sinople ; au chef d'azur, chargé de trois étoiles d'or.

Famille originaire de Picardie, qui, en 1693, justifia sa noblesse depuis

FRANÇOIS JACOMEL, écuyer, seigneur de Villers-Fouchard, vivant en 1523.

Voyez : Lachenaye-Desbois, *Dictionnaire de la noblesse*, tome VIII, page 190. — De Courcelles, *Dictionnaire de la noblesse*, tome III, page 311. — *Nobiliaire de Picardie*, pag. 276. — De Magny, *Livre d'or de la noblesse.*

—

DE JAQUELS DE BRAY.

Armes : Coupé : au 1er d'or, à trois cyprès terrassés de sinople ; au 2e de gueules, au bélier d'argent.

Famille originaire du Languedoc qui prouve sa filiation, d'après Saint-Allais, depuis

BERNARD DE JAQUELS, Ier du nom, écuyer, capitaine-châtelain de Térolles, qui s'allia, par contrat du dernier novembre 1546, avec demoiselle Jeanne Gaufreze.

Elle a été maintenue dans sa noblesse par jugement de M. Lamoignon de Basville, intendant du Languedoc, en date du 15 juin 1697.

Voyez : Saint-Allais, *Nobiliaire universel*, t. XIII, pag. 404, et t. XV, pag. 326.

JOLY DE CABANOUS.

Armes : D'azur, au chevron d'or, accompagné de trois fers de lance renversés de même, celui de la pointe accompagné de trois étoiles aussi d'or.

Supports : Deux aigles au naturel, portant dans leur bec une branche d'olivier de sinople.

« Cette famille, originaire de la Guyenne, » fut maintenue dans sa noblesse par juge- » ment de M. de Bezons, intendant de la » généralité de Guyenne en 1697, sur une

» production de titres qui faisait remonter
» son ascendance à

   » JACQUES DE JOLY et FRANÇOIS DE JOLY,
» seigneur de la Bastide, son fils, vivant
» vers le milieu du XVIᵉ siècle. »

   Branches : 1º Joly de Cabanous (Montpellier),

        2º Joly de Fraissinet.

Voyez : Borel d'Hauterive, *Annuaire de la noblesse,*
année 1844.

—

DE JUVENEL ou JOUVENEL.

Armes : D'azur, au chevron d'or, accompagné de trois trèfles
d'argent, 2 et 1 ; au chef cousu d'azur, chargé d'une demi-fasce d'or,
surmontée de trois étoiles d'or.
   Supports : Deux ours.
   Cimier : Un ours issant.

Lachenaye-Desbois rattache la famille de
Juvenel, établie à Pézénas, à la célèbre
maison Jouvenel, Juvenel ou Juvenal, originaire de Champagne, qui a eu pour auteur

JEAN JOUVENEL, prévôt des marchands de Paris en 1388, lequel reçut du roi Charles VI, en récompense de ses services, l'hôtel des Ursins dont il prit le nom et les armes. La branche établie à Pézénas a conservé néanmoins les armes primitives de la famille.

La branche de Juvenel des Ursins, qui a fourni un chancelier de France et deux archevêques de Reims, mais qui n'a aucun rapport, comme nous l'avons dit à l'article *Des-hours*, avec la maison italienne Orsini (en français des Ursins), s'est éteinte vers 1650.

Voyez : Lachenaye-Desbois, *Dictionnaire de la noblesse*, tome VIII, page 311. — Jouffroy d'Eschavannes, *Armorial universel*, tome I.

DE JUGES.

Armes : D'azur, à l'olivier d'argent arraché d'or, accosté d'un croissant et d'une étoile du même.

Famille originaire du Languedoc, qui a
prouvé sa filiation devant M. de Bezons
depuis

PAUL JUGES, conseiller en la Chambre de
l'édit, pourvu le 1er octobre 1592, père de

Paul Juges, baron de Frégeville, conseiller en la Cour du Parlement et Chambre
de l'édit, à Castres.

Elle a été maintenue dans sa noblesse par
jugement, en date du 12 décembre 1668.

Voyez : *Pièces fugitives*, tome II, *jugements sur la
noblesse*, page 159, Nº 292. — *Procès-verbal de 1789.*
— Saint-Allais, *Dictionnaire encyclopédique de la
noblesse*, tome II, page 236.

JULIEN DE PÉGUEIROLLES.

Armes : Écartelé : aux 1er et 4e d'azur, à trois molettes d'éperon d'argent, au chef d'or ; aux 2e et 3e, coupé et émanché d'or et d'azur. Sur le tout : d'azur, à la gerbe d'or, surmontée de deux étoiles du même.

On voit, dans l'*Histoire de Montpellier* de d'Aigrefeuille, et dans les *Documents historiques sur le Rouergue* de M. de Barrau, que

Étienne Julien de Pégueirolles était secrétaire du roi en la chancellerie de Montpellier, en 1677.

Cette famille reconnaît pour auteur, dit M. Bouillet, un célèbre avocat, juge royal de Creissels en Rouergue, dont le fils, Jean-Jacques Julien, seigneur de Saint-Bauzely, conseiller au Parlement de Toulouse, épousa Anne de Chastang, dame de Mallet. De ce mariage vint

Hippolyte Julien, avocat-général à Toulouse en 1748, et président à mortier le

31 août 1753, en faveur de qui la terre de Pégueirolles fut érigée en marquisat en novembre 1759.

Voyez : D'Aigrefeuille, *Histoire de Montpellier,* liste des secrétaires du roi. — De Barrau, *Documents sur le Rouergue*, tome I, page 194. — Bouillet, *Nobiliaire d'Auvergne,* tome V, page 51.

———

DE LA CROIX DE CASTRIES.

Armes : D'azur, à la croix d'or.
Supports : Deux licornes.
Devise : *Fidèle à son roi et à l'honneur.*

« Quelques auteurs , dit Lachenaye-Des-
» bois , attribuent l'origine de cette famille
» aux anciens comtes de Montpellier. On
» prétend même que saint Roch, fils de Jean
» de La Croix, gouverneur de Montpellier
» pour les rois de Mayorque, seigneurs alors
» de cette ville , était de cette maison, et que
» c'est de la croix que ce saint porta sur son

» estomac, en venant au monde, que les
» seigneurs de La Croix ont pris, dans la
» suite, leur nom et leurs armes : c'est ainsi
» qu'en parle Andoque dans son *Histoire du*
» *Languedoc*, liv. XII (1). »

D'Hozier, se fondant sur plusieurs monu-
ments anciens, pense que la famille de La
Croix est en effet issue de la race de saint
Roch ; mais d'Aigrefeuille ne partage pas
cette opinion, et regarde les maisons de La
Croix et de Roch comme tout à fait distinctes. Les fréquentes alliances qu'elles ont
contractées l'une avec l'autre auraient donné
lieu à la tradition qui les confond en une
seule : « Il est bien certain, ajoute d'ailleurs
» l'auteur de l'*Histoire de Montpellier*, qu'il
» ne nous reste aucune maison alliée de plus
» près à celle de saint Roch que celle de La
» Croix. »

---

(1) Lachenaye-Desbois tombe dans une singulière contradiction en
donnant pour père à saint Roch un Jean de *La Croix*, tandis qu'il
prétend que les seigneurs de La Croix ont pris, *dans la suite, leur
nom et leurs armes du signe que ce saint portait, en naissant, sur sa
poitrine.

La généalogie donnée par Lachenaye-Desbois commence à

Jean de La Croix, chevalier, vivant en 1320.

Celle qui fut dressée en 1637 par Pierre d'Hozier, et que Louis-Pierre d'Hozier a reproduite dans son *Armorial général*, remonte seulement à

Jean de La Croix qui se signala à la bataille de Baugé, en Anjou, le 22 mars 1421. Ce serait, d'après Lachenaye-Desbois, le petit-fils de ce Jean de La Croix qui vivait en 1320.

M. Borel d'Hauterive donne pour premier auteur connu à la famille de Castries

Guillaume de La Croix, conseiller du roi et trésorier de l'extraordinaire des guerres, président de la Cour des aides de Montpellier, qui acheta la baronnie de Castries de Jean de Pierre, baron de Ganges, par acte du 13 avril 1495. C'est à ce Guillaume de La Croix que remonte la filiation insérée dans les *Pièces fugitives*.

Cette famille, qui a été maintenue dans sa

noblesse par M. de Bezons, le 1er octobre
1668, et a obtenu à diverses reprises les
honneurs de la Cour, compte des chevaliers
de Malte et du Saint-Esprit, et, entre autres
illustrations, Charles-Eugène-Gabriel de La
Croix, marquis de Castries, chevalier des
ordres du roi, maréchal de France en 1783,
et Armand-Nicolas-Augustin de La Croix,
duc de Castries, lieutenant-général, chevalier des ordres du roi, pair de France le
4 juin 1814.

Voyez : D'Hozier, *Armorial général*, registre V,
1re partie. — *Pièces fugitives*, tome II, page 164,
No 301. — Lachenaye-Desbois, *Dictionnaire de la
noblesse*, tome V, page 344. — Le P. Anselme, *Histoire des Grands-Officiers de la Couronne*, tome IX.
— D'Aigrefeuille, *Histoire de Montpellier*, tomes I
et II, page 228. — Dom Vaissette, *Histoire du Languedoc*. — Beaudeau, *Armorial des États du Languedoc*. — Gastelier de la Tour, *Armorial des États*. —
Basville, *Mémoires pour l'histoire du Languedoc*. —
Borel d'Hauterive, *Annuaire de la noblesse*, 1848.

—

DE LAJUDIE.

Nous n'avons trouvé aucun renseignement sur cette famille.

—

DE LANGLADE.

Armes : Parti : au 1er d'azur à l'aigle d'or, au 2e d'hermines plein.

Famille originaire du Languedoc, qui a prouvé sa filiation devant M. de Bezons, depuis

Jean de Langlade, damoiseau, en 1414.

Elle a été maintenue dans sa noblesse par jugement en date du 17 décembre 1668.

Voyez : *Pièces fugitives*, tome II, *jugements sur la noblesse*, page 173, N° 317. — Jouffroy d'Eschavannes, *Armorial universel*, tome II.

DE LANSADE.

Armes : D'azur, à deux lances d'or passées en sautoir, accompagnées en chef d'une étoile d'argent.

PIERRE, comte DE LANSADE, seigneur de Jonquières, capitaine au régiment de Vermandois, chevalier de Saint-Lazare, a assisté à l'assemblée de la noblesse de la sénéchaussée de Montpellier, en 1789.

Voyez : *Procès-verbal de* 1789.

LIRON D'AIROLLES.

Nous n'avons trouvé aucun renseignement sur cette famille.

DE LORT ou DELORT DE SÉRIGNAN.

Armes : D'azur, au lion d'or, soutenant d'une de ses pattes une étoile d'argent.

Cimier : Deux étendarts en sautoir portant une croix.

Devise : *Quò non ascendam*.

On lit dans Lachenaye-Desbois, article *Lort de Sérignan :*

« Suivant un extrait des registres du Par-
» lement des années 1320 et 1322, Rai-
» mond et Ponce de Lort sont qualifiés,
» l'un de chevalier, l'autre de damoiseau....

» On trouve, dans le *Gallia Christiana,*
» Garcias de Lort, archevêque d'Auch, en
» 1216.........

» Quoique cette maison soit en droit de
» revendiquer tous ceux dont on vient de
» parler, elle se trouve cependant contrainte
» de s'en tenir aux présomptions les plus
» apparentes, par la perte qu'elle a faite
» au pillage de son château de Lebrettes,

» au XVe siècle, par les rebelles du Lan-
» guedoc.

« Les titres authentiques, que la branche
» des seigneurs de Lort de Sérignan a pu
» recouvrer, remontent juridiquement à

» Jacques Arnaud de Lort , compris
» comme écuyer dans une montre faite à
» Béziers, le 14 juillet 1431. »

Cette famille a été maintenue dans sa noblesse par jugement de M. de Bezons, en
date du 10 octobre 1668.

Voyez : *Pièces fugitives*, tome II, *jugements sur
la noblesse*, page 103, No 187. — Lachenaye-Desbois,
Dictionnaire de la noblesse, tome IX, page 147.

DE LUNARET.

Nous n'avons trouvé aucun renseignement
sur cette famille.

DE MANOEL DE CLARET.

Armes : De gueules, à une main de carnation ornée d'un demi-vol d'argent, et tenant une épée de même, garnie d'or.

On trouve, dans l'*Armorial universel* de M. Jouffroy d'Eschavannes, une famille de Manoël, en Portugal, qui porte ces armes au premier et au quatrième quartiers de son écu.

Charles de Manoel, seigneur d'Algues, Torras et Claret, fournit sa procuration à M. Pepin de Manoblet, pour le représenter à l'assemblée de la noblesse de la sénéchaussée de Montpellier, en 1789.

Il n'existe à Montpellier aucun descendant mâle de cette famille.

Voyez : *Procès-verbal de 1789.* — Jouffroy d'Eschavannes, *Armorial universel*, tome I.

MARTIN DE CAMPREDON.

Armes : D'argent, au cavalier de gueules chevauchant sur une terrasse de sinople.

Originaire du Languedoc.

Auteur : PIERRE MARTIN, conseiller-secrétaire du roi près la Cour des comptes, au commencement du siècle dernier.

Jacques-David Martin de Campredon, lieutenant-général, grand-officier de la Légion d'honneur, grand'croix de l'ordre du Mérite militaire, nommé baron, le 24 septembre 1814, et pair de France, le 11 septembre 1835.

Il n'existe à Montpellier aucun descendant mâle de cette famille.

Voyez : *Annuaire de la noblesse*, année 1853 ; par M. Borel d'Hauterive.

DE MASCLARY.

Armes : D'azur, au chevron d'or, surmonté d'un soleil de même et d'un héliotrope tigé et feuillé aussi d'or.

Auteur : PIERRE MASCLARY, conseiller en la Cour des comptes de Montpellier, en 1644.

On trouve en outre :

Pierre Masclary, fils d'autre, conseiller en la même Cour, en 1681 ;

Jean-Paul Masclary, seigneur de Beauvezet, trésorier de France, en 1681.

Voyez : D'Aigrefeuille, *Histoire de Montpellier*, liste des officiers près la Cour des comptes et des trésoriers de France. — Jouffroy d'Eschavannes, *Armorial universel*, tome II. — *Procès-verbal de* 1789.

DE MASSANE.

Armes : D'or, au palmier de sinople, accosté de deux roses de gueules.

Auteur : PIERRE MASSANE , général en la Cour des aides de Montpellier , par provisions du 20 avril 1591. (*Pièces fugitives.*)

Cette famille a été maintenue dans sa noblesse par jugements de M. de Bezons , en date des 14 août 1669 et 14 janvier 1671.

Voyez : *Pièces fugitives*, tome II, *jugements sur la noblesse*, page 202, Nos 374 et 375. — D'Aigrefeuille, *Histoire de Montpellier*, liste des officiers près la Cour des aides, des premiers consuls, etc. — Lachenaye-Desbois, t. IX, p. 592 (pour les armes seulement).

DE MASSILIAN.

Armes : De gueules, à l'aigle essorante d'argent; au chef cousu d'azur, chargé de deux étoiles d'or (1).

Originaire du comtat Venaissin.

JEAN MASSILIAN et MELCHIOR MASSILIAN, fils d'ANTOINE MASSILIAN, dit d'Aragon, consul à Avignon, en 1549 et 1554, sont cités dans le tome Ier des *Pièces fugitives*, (*Histoire des guerres du comté Venaissin*, par Pérussis), et dans les additions à la fin du tome III du même ouvrage.

Paul-Antoine Massilian s'établit à Montpellier; il fut conseiller du roi au siége présidial, en 1578, et premier consul de la ville de Montpellier, en 1591.

Plusieurs autres membres de cette famille

---

(1) Pithon-Curt, qui donne, en plusieurs endroits de son livre, les armes de la famille de Massilian, met quelquefois une colombe au lieu d'une aigle, et deux molettes d'éperon au lieu de deux étoiles.

se trouvent dans les listes des conseillers au siége présidial, des trésoriers de France, etc., données par d'Aigrefeuille.

Voyez : D'Aigrefeuille, *Histoire de Montpellier*, liste des premiers consuls. — *Pièces fugitives*, tome I, *Histoire des guerres du comté Venaissin, de Provence et de Languedoc*, etc, par Louis de Pérussis, page 6; et tome III, additions à l'histoire de Pérussis. — Pithon-Curt, *Histoire de la noblesse du comtat Venaissin*, passim. — *Procès-verbal de* 1789.

DE MAUGRAS.

Nous n'avons trouvé aucun renseignement sur cette famille.

MAURIN DE BRIGNAC.

On trouve, dans le *Dictionnaire encyclopédique de la noblesse de France*, par Saint-Allais (1816 — tome Ier, page 203, *Verbo: Coquilles*) : *de* Maurin de Brignac, *en Languedoc, d'azur à trois coquilles d'argent ;* et dans Pithon-Curt (article d'*Alphonse*):

Marie d'Alphonse, femme de NICOLAS MAURIN, sieur de Brignac, vers la fin du XVIIe siècle.

Voyez : Pithon-Curt, *Histoire de la noblesse du comté Venaissin*, tome I, page 490. — Saint-Allais, *Dictionnaire encyclopédique de la noblesse*, tome I, page 203.

—

Nota. La maison de Brignac, marquis de Montarnaud, qui portait pour armes : *De gueules, au lévrier rampant d'argent*, est aujourd'hui éteinte.

—

DE MELON.

Armes :

Auteur : GUILLAUME MELON, conseiller-secrétaire du roi près la Cour des comptes, aides et finances de Montpellier, en 1724.

Joseph-Élisabeth de Melon, seigneur de Capon et La Motte, a assisté à l'assemblée de la noblesse de la sénéchaussée de Montpellier, en 1789.

Voyez : D'Aigrefeuille, *Histoire de Montpellier,* liste des conseillers-secrétaires du roi. — *Procès-verbal de* 1789.

DE MEYNIER DE LA SALLE.

Armes : D'azur, à un griffon d'or rampant, langué et onglé de gueules (1).

Originaire de Bourgogne.

« Cette famille, qui se prétend issue d'un
» Jean Meynier que l'empereur Charles-Quint
» anoblit par lettres du 1er mars 1522, dans
» lesquelles ce prince le qualifie son fami-
» lier, et qui avait pour frères, Pierre Mey-
» nier, prêtre, et Claude Meynier, admis
» pareillement, par les mêmes lettres, dans
» l'ordre de la noblesse, justifie en effet ses
» filiations par titres originaux depuis un
   » JEAN MEYNIER demeurant à Saint-Oyen
» de Joux, père de Jean Meynier qui épousa,
» par contrat du 8 mai 1530, demoiselle

---

(1) Ces armes sont celles qui furent octroyées à Jean Meynier par l'empereur Charles-Quint.

» Clauda Millet, fille de Monet Millet,
» écuyer. » (D'Hozier.)

Jean de Meynier était seigneur de La Salle
et de Publy, en 1652, d'où le nom de La
Salle.

Voyez : D'Hozier, *Armorial de France*, registre V,
2e partie. — Lachenaye-Desbois, *Dictionnaire de la
noblesse*, tome X, page 108. — Saint-Allais, *Dictionnaire encyclopédique de la noblesse*, tome II, page 258.

———

DE MIRIBEL.

Armes : Écartelé d'or et de gueules, à la cotice d'hermines brochant sur le tout.

Famille originaire du Dauphiné qui descend, d'après Lachenaye-Desbois, de

HUGUES DE MIRIBEL, seigneur d'Ornacieu,
en Dauphiné, en 1330.

Voyez : Lachenaye-Desbois, *Dictionnaire de la noblesse*, tome X, page 152.

———

DE MIRMAN.

Armes : D'or, au lion de gueules, au chef d'azur, chargé de deux étoiles d'or.

Originaire du Languedoc.

JACQUES DE MIRMAN épousa, le 10 janvier 1491, Isabeau de Pierrefort. (*Pièces fugitives.*)

Cette famille a été maintenue dans sa noblesse, par jugement de M. de Bezons, en date du 5 janvier 1669.

Voyez : *Pièces fugitives,* tome II, *jugements sur la noblesse,* page 207, N° 384. — *Procès-verbal de* 1789. — Lachenaye-Desbois, tome X, page 144 (pour les armes seulement).

DE MONTCALM-GOZON.

Ai mes : Écartelé : au 1er d'azur, à trois colombes d'argent, becquées et membrées de gueules ; aux 2e et 3e de sable, à la tour surmontée de trois tourelles d'argent ; et au 4e de gueules, à la bande d'azur, bordée d'argent (1) et une bordure componnée de billettes d'argent, qui est de Gozon. (Lachenaye-Desbois.)

Aliàs : Écartelé : aux 1er et 4e d'azur, à trois colombes d'argent, membrées et becquées d'or ; aux 2e et 3e de sable, au chevron d'argent, accompagné de trois tours d'argent, maçonnées de sable (*Pièces fugitives.)*

Originaire du Rouergue.

SIMON DE MONTCALM , seigneur du Viala et de Cornus, père de Hérail de Montcalm marié, au mois de mars 1302 , avec Réveillade de Chavanon. (Lachenaye-Desbois. — De Barrau.) (2)

---

(1) Il serait plus conforme aux règles du blason de dire : *A la bande d'argent, chargée d'une cotice d'azur,* ou *remplie d'azur.*

(2) M. de Courcelles prétend que la famille de Montcalm a été anoblie en 1439. Il est à remarquer que ni le jugement de M. de Bezons , ni Lachenaye-Desbois, ni M. de Barrau ne font mention de cet anoblissement.

Louis de Montcalm, Ier du nom, seigneur de Saint-Véran, Candiac et Tournemine, épousa, le 15 mai 1582, Marthe de Gozon, et s'engagea à porter le nom et les armes de Gozon.

A cette famille appartenait le marquis Louis-Joseph de Montcalm, lieutenant-général des armées du roi, mort glorieusement à Québec, en 1759.

La famille de Montcalm a été maintenue dans sa noblesse par jugement de M. de Bezons, en date du 28 décembre 1668. Elle compte quatre chevaliers de Malte, reçus en 1597, 1744, 1765 et 1786.

Voyez : *Pièces fugitives*, tome II, *jugements sur la noblesse*, page 209, N° 389. — Lachenaye-Desbois, *Dictionnaire de la noblesse*, tome X, page 290. — De Barrau, *Documents historiques et généalogiques sur le Rouergue*, tome II. — Artefeuil, *Histoire héroïque de la noblesse de Provence*, tome II, page 156. — De Courcelles, *Dictionnaire de la noblesse*, tome II, page 39. — Vertot, *Histoire des chevaliers de Malte*. — Saint-Allais, tome IV, liste des chevaliers de Malte. — Moréri, *Dictionnaire historique*, supplément de 1749, tome II. — Ménard, *Histoire de Nîmes*.

DE NATTES.

Armes : De gueules, à trois nattes d'or mises en fasce (1).

Originaire du Rouergue.

Auteur : BÉRENGÉR DE NATTES, premier consul du Bourg de Rodez, anobli par lettres patentes de Charles V, en date du 4 mars 1369. (De Barrau. — *Pièces fugitives.*)

Cette famille a été maintenue dans sa noblesse par jugement de M. de Bezons, en date du 15 juillet 1669.

Voyez : *Pièces fugitives,* tome II, *jugements sur la noblesse,* page 222, No 409. — Lachenaye-Desbois, *Dictionnaire de la noblesse,* tome X, page 696. — De Barrau, tome I, page 189. — Saint-Allais, *Dictionnaire encyclopédique de la noblesse,* t. I, p. 359.

---

(1) M. Jouffroy d'Eschavannes, dans son *Armorial universel,* tome II, blasonne les armes de Nattes comme il suit : *De gueules, à trois nattes d'or, traversées d'une épée d'argent garnie d'or.* C'est le seul ouvrage où nous ayons vu ces armes blasonnées de cette manière.

D'ORTOMAN.

Armes : Écartelé : aux 1er et 4e d'azur, à une étoile d'or, formée de deux triangles vidés et entrelacés ; aux 2e et 3e de gueules, à une chèvre d'argent rampant contre un arbre d'or.

NICOLAS D'ORTOMAN, premier médecin du roi Henri IV, épousa, le 12 juin 1559, Jacquette de Flottes.

Jean-Jacques d'Ortoman, chevalier de Saint-Louis, capitaine au régiment de Bourgogne, infanterie, fournit sa procuration à M. Poitevin de Mezouls pour le représenter à l'assemblée de la noblesse de la sénéchaussée de Montpellier, en 1789.

Voyez : *Pièces fugitives*, tome III, *Preuves et quartiers des chevaliers de Malte*, page 172. — *Procès-verbal de* 1789.

PARMENTIER.

Nous ignorons si la famille de ce nom, existante à Montpellier, descend du célèbre agronome Antoine-Augustin baron Parmentier.

PASCAL DE SAINT-JUÉRY.

Armes : D'azur, à deux bourdons d'or en sautoir, surmontés d'une étoile d'argent.

PIERRE PASCAL porta les armes pour le service du roi. Il eut pour enfants :

1º Renaud Pascal qui fit faire une enquête de sa noblesse devant le lieutenant au bailliage de Milhau, dont résulte que lui, ses frères et son père vivaient noblement ;

2º Jean Pascal ;

3º Pierre Pascal, seigneur de Courtès, père de Renaud Pascal, seigneur de Saint-

Juéry, qui épousa, le 8 février 1538, Catherine Clapier. (*Pièces fugitives.*)

Cette famille a été maintenue dans sa noblesse par jugements de M. de Bezons, en date du 27 janvier et du 17 mars 1670.

Voyez : *Pièces fugitives*, tome II, *jugements sur la noblesse*, page 226, N° 417. — Saint-Allais, *Nobiliaire universel*, tome VIII, page 354. — Saint-Allais, *Dictionnaire encyclopédique de la noblesse*, t. I, p. 100.

DE PAUL.

Armes : D'azur, au chevron d'or accompagné en chef de deux coqs affrontés d'argent, et en pointe d'une rose de même ; au chef cousu de gueules chargé de trois molettes d'éperon d'or.

D'Aigrefeuille fait mention de

Louis Paul, conseiller en la Cour des comptes, aides et finances en 1688 ;

Louis Paul, fils d'autre, conseiller en la même Cour, en 1708 ;

Louis Paul, fils de Louis, conseiller en la même Cour, en 1732.

Voyez : D'Aigrefeuille, *Histoire de Montpellier,* liste des officiers près la Cour des comptes, aides et finances. — *Procès-verbal de* 1789.

PAULINIER DE FONTENILLE.

Nous n'avons trouvé aucun renseignement sur cette famille.

DE PERRIN.

Armes : D'azur, au chevron d'or ; au chef d'argent, chargé de trois roses de gueules.

Cette famille, originaire d'Arles, en Provence, a été anoblie dans la personne de JACQUES PERRIN qui, au mois de mars 1653, obtint de Louis XIV des lettres de noblesse enregistrées aux archives du roi, le 26 novembre 1654.

Voyez : Lachenaye-Desbois, *Dictionnaire de la noblesse,* tome XI, page 275. — Artefeuil, *Histoire héroïque de la noblesse de Provence*, tome II, p. 209. — De Courcelles, *Dictionnaire de la noblesse*, t. II, p. 166.

PIEYRE.

Armes : D'argent, au palmier de sinople terrassé de sable, adextré d'un lion contre-rampant de gueules surmonté de deux étoiles en fasce d'azur, et sénestré de deux étoiles aussi d'azur posées en pal.

PIEYRE (JEAN), préfet du Loiret, chevalier de la Légion d'honneur, créé baron en 1810.

DE PINA.

Armes : D'azur, à la bande d'argent, chargée de trois croisettes de sable.

Originaire du Dauphiné.

On trouve, dans la liste des gentilshommes du Dauphiné convoqués aux assemblées de bailliage, en 1789, donnée par M. de Courcelles, plusieurs gentilhommes du nom de Pina.

Cette famille a fourni deux chevaliers de Malte, reçus en 1779 et en 1782.

Voyez : De Courcelles, *Dictionnaire de la noblesse*, tome I, page 183. — Vertot, *Histoire des chevaliers de Malte.* — Jouffroy d'Eschavannes, *Armorial universel*, tome I.

DE PLANTADE.

Armes : D'or, à une plante de plantin arrachée de sinople ; au chef de gueules, chargé d'un croissant montant d'argent , accosté de deux pélicans d'or, ensanglantés de gueules.

Cimier : Un pélican issant, surmonté de sa devise relative : *Charitas nescia vinci.*

Supports : Deux pélicans.

Famille originaire du Languedoc , et dont Lachenaye-Desbois donne la généalogie depuis

VITAL DE PLANTADE, seigneur de Clérac, gouverneur de la ville et citadelle de Pézénas , mort en 1552.

François de Plantade , conseiller , puis avocat-général en la Cour des aides , est l'un des fondateurs de l'Académie des sciences de Montpellier, dont il fut nommé directeur.

Voyez : Lachenaye-Desbois, *Dictionnaire de la noblesse,* tome XI, page 344. — Saint-Allais, *Dictionnaire encyclopédique de la noblesse,* tome II, page 297. — Moréri, *Dictionnaire historique,* supplément de 1749, tome II. — *Procès-verbal de* 1789.

POITEVIN DE MAUREILLAN.

Armes : De gueules, au chevron d'or, accompagné en chef de deux quintefeuilles d'argent tigées de sinople, et en pointe d'un lion d'argent ; au chef parti de deux traits, au 1er de sinople, à la cuirasse d'argent frangée de gueules ; au 2e d'argent, à la tour de sable, ouverte du champ ; au 3e des barons militaires qui est : de gueules, à l'épée haute en pal d'argent (1).

D'Aigrefeuille, dans la liste des officiers près la Cour des comptes, aides et finances, fait mention de plusieurs membres de cette famille, dont le plus ancien est

JACQUES POITEVIN, seigneur de Maureillan, auditeur en 1662.

Jean-Étienne-Casimir Poitevin de Maureillan, lieutenant-général du génie, inspecteur des fortifications, grand-officier de la Légion d'honneur, chevalier de la Couronne de fer d'Italie, chevalier de Saint-Louis, commandeur de l'ordre du Mérite militaire

(1) Ce chef a été ajouté sous l'empire aux armoiries de la famille Poitevin de Maureillan.

de Guillaume des Pays-Bas, commandeur
de l'ordre du Mérite civil de Maximilien de
Bavière, nommé baron de l'empire le 19
mars 1808, et vicomte le 17 août 1822.

Il n'existe à Montpellier aucun descendant
mâle de cette famille.

Voyez : D'Aigrefeuille, *Histoire de Montpellier*. —
Procès-verbal de 1789.

—

PORTALON DE ROSIS.

Nous n'avons trouvé aucun renseignement
sur cette famille.

On lit cependant dans la généalogie de
la maison de Rascas, donnée par Saint-
Allais :

Jean-François-Xavier de Rascas de Gros,
avocat au Parlement, épousa, le 4 septembre 1764, Marie-Rose-Dorothée de Portalon,

fille de Jacques, seigneur de Rozis, Doux, Senas, Lafage, etc.

Voyez : Saint-Allais, *Nobiliaire universel*, tome II, page 460.

—

DE POSTIS.

Armes : D'azur à trois rencontres de cerf d'or.

N..... DE POSTIS, écuyer, sieur du Vieil, élection de Pont-Audemer (Normandie), fut maintenu dans sa noblesse le 2 janvier 1669.

Voyez : Chevillard, *Nobiliaire de Normandie.* — Saint-Allais, *Nobiliaire universel*, tome VI, *Nobiliaire de Normandie*, page 196. — Saint-Allais, *Dictionnaire encyclopédique de la noblesse*.

POUGET.

Armes : D'azur, à la barre d'argent chargée de trois grenades de sable enflammées de gueules, et accompagnée de deux étoiles d'or, une en chef et une en pointe ; au franc-quartier sénestre des barons militaires qui est : de gueules, à l'épée haute en pal d'argent.

L'écu timbré d'une toque de velours noir, retroussée de contre-vair, avec porte-aigrette en argent, surmontée de trois plumes, accompagnée de deux lambrequins d'argent.

POUGET (JEAN-PIERRE), général de brigade, commandeur de la Légion d'honneur du 18 mars 1818, chevalier de Saint-Louis du 5 octobre 1814, fut nommé baron de l'empire par décret du 30 juin 1811.

Lettres patentes données à Paris le 12 novembre 1811.

QUETTON DE SAINT-GEORGES.

Nous n'avons trouvé aucun renseignement sur cette famille.

DE RANCHIN DE MASSIA.

Armes : D'azur, à la fasce d'or, accompagnée de trois étoiles de même en chef, et d'un puits d'argent, maçonné de sable, en pointe.

La famille de Ranchin, qui compte parmi ses membres plusieurs personnages distingués, dont il est fait mention dans le *Dictionnaire* de Moréri, a été maintenue dans sa noblesse par jugement de M. de Bezons, en date du 28 janvier 1669.

La filiation, relatée dans ce jugement, commence à

JEAN RANCHIN, général en la Cour des aides de Montpellier, pourvu le 16 juin 1558.

Voyez : *Pièces fugitives*, tome II, *jugements sur la noblesse*, page 214 et 215, Nos 150 et 151. — D'Aigrefeuille, *Histoire de Montpellier*, liste des officiers près la Cour des aides. — Moréri, *Dictionnaire historique*, supplément de 1749, tome II. — Saint-Allais, *Dictionnaire encyclopédique de la noblesse*, tome II, page 336.

DE RASCAS.

Armes : D'or, à une croix fleuronnée, au pied fiché, de gueules ; au chef d'azur, chargé d'une étoile à huit rais d'or.

On trouve, dans Lachenaye - Desbois et dans Artefeuil, une famille de Rascas de Châteauredon, originaire du Limousin et établie en Provence, connue dès le XIᵉ siècle, et prouvant sa filiation depuis

ANTOINE DE RASCAS qui rendit hommage au roi Louis II d'Anjou, en septembre 1399.

D'après la généalogie donnée par ces deux auteurs, la famille de Rascas paraîtrait s'être éteinte dans la personne d'Honoré de Rascas, IIIᵉ du nom, seigneur du Canet, qui n'eut, de son mariage avec N.... de Raffelis, qu'une fille, mariée en 1754 à Michel, marquis de Colbert-Turgis.

Saint-Allais donne pour frère à Honoré III de Rascas, Jacques de Rascas, IIᵉ du nom, capitaine au régiment de Saluces, dont descendent les de Rascas de Gros et les de Rascas de Palignan.

Cette généalogie se trouve confirmée par une ordonnance royale du 21 octobre 1818, qui autorise M. le baron Joseph-Paul-Hya-cinte-Raymond de Rascas à reprendre le nom de Châteauredon que portaient ses ancêtres.

La famille de Rascas a donné trois chevaliers de Malte, reçus en 1670, 1683 et 1692.

Voyez : Lachenaye-Desbois, *Dictionnaire de la noblesse*, tome XI, page 690. — Artefeuil, *Histoire héroïque de la noblesse de Provence*, tome II, page 292. — Saint-Allais, *Nobiliaire universel*, tome II, page 457 et tome XVI, page 110. — Jouffroy d'Eschavannes, *Armorial universel*, tome II, page 351. — Vertot, *Histoire les chevaliers de Malte*. — Saint-Allais, *Dictionnaire encyclopédique de la noblesse*, tome II, page 477.

REBILLOT D'OREAUX.

Nous n'avons trouvé aucun renseignement sur cette famille.

———

REYNAUD.

Armes :

Benoît-Hilaire Reynaud, général de brigade, commandeur de la Légion d'honneur, chevalier de l'ordre du Mérite militaire de Wurtemberg et de la Couronne de fer d'Italie, créé baron par l'empereur Napoléon Ier.

———

DE RIVIÈRE.

Armes : D'or, à trois épées de gueules en pal, les pointes en haut, soutenant une couronne fermée de même.

Originaire du comté de Bigorre.

Lachenaye-Desbois, dans la notice consacrée à la maison de Rivière, ne donne pas de généalogie et n'indique pas l'époque à laquelle cette famille remonte sa filiation.

Saint-Allais est beaucoup plus explicite et fait mention, en 1422, de Esclarmonde de Rivière de Labatut, fille de BERNARD DE RIVIÈRE, seigneur de Labatut.

Poncet de Rivière, chevalier, bailli de Montferrand, maire de Bordeaux, fut conseiller et chambellan du roi Louis XI. Il commandait l'avant-garde de l'armée, à la bataille de Montlhéry, contre le comte de Charolais, en 1464. Quelques historiens croient qu'il était de l'ancienne maison des

vicomtes de Rivière, seigneurs de Labatut.
Moréri ne partage point cette opinion et regarde aussi comme invraisemblable la tradition rapportée par Saint-Allais, qui rattache
à cette famille un chevalier de Rivière, dont
le roi d'Angleterre, Édouard IV, épousa la
fille.

« Les armes de la maison de Rivière,
» ajoute Moréri, viennent, suivant la com-
» mune tradition du pays, de ce qu'un chef
» de cette maison tua de sa main les trois
» chefs de l'armée ennemie, dans une bataille
» décisive, où il s'agissait de la destinée du
» prince et de l'État. »

Voyez : Lachenaye-Desbois, *Dictionnaire de la
noblesse*, tome XII, page 131. — Saint-Allais, *Nobiliaire universel*, tome VIII, page 358, et tome XIII,
page 267.—Milleville, *Armorial historique de France*,
1846, page 202. — Moréri, *Dictionnaire historique*.

DE ROBERNIER.

Nous n'avons trouvé aucun renseignement sur cette famille.

DE ROQUEFEUIL.

Armes primitives de la maison de Roquefeuil (1re race) : De gueules (*alias* d'azur), à la cordelière d'or passée en sautoir.

Armes des Roquefeuil, marquis de La Roquette et de Londres: De gueules, écartelé par deux filets d'or en croix, à douze cordelières d'or, trois dans chaque quartier (1).

On parle, dans le *Spicilegium,* d'un Roquefeuil contemporain de Hugues-Capet.

Il existe un titre de HENRI DE ROQUEFEUIL en 1002.

---

(1) Il est à remarquer que les armoiries de la maison de Roquefeuil sont à peu près les seules connues où les cordelières soient employées dans l'écu. D'après la tradition, la maison de Roquefeuil étant près de s'éteindre, après de grandes pertes faites à la guerre, le seul descendant mâle de cette famille, qui était cordelier, obtint du Pape d'être relevé de ses vœux, et, en souvenir de l'état qu'il avait embrassé, adopta pour armes des cordelières.

Cette première race finit dans Adélaïde,
fille unique de Geoffroi de Roquefeuil,
mariée, en 1129, à Bernard d'Anduze, coseigneur d'Alais, à condition que leurs descendants, porteraient le nom de Roquefeuil.
Ce sont ces descendants qui ont formé la
deuxième race qui subsiste encore à Montpellier dans la branche des Roquefeuil, marquis de La Roquette et de Londres.

La branche d'Anduze-Roquefeuil se fondit
dans la famille de Blanquefort, vers le commencement du XVe siècle, par le mariage
de Catherine de Roquefeuil, dernière héri-
tière de cette branche, avec Jean de Blanquefort, dont elle eut un fils qu'elle institua
son héritier, à la charge de porter le nom et
les armes de Roquefeuil. C'est ainsi que se
forma une troisième race, celle des Roque-
feuil-Blanquefort.

Arnaud de Roquefeuil, IIe du nom, déclara la guerre, vers 1340, à son cousin
Jacques II, roi de Majorque, pour venger
la mort de son fils Bernard de Roquefeuil,
tué par ce prince. Il ne fallut rien moins que

l'entremise du pape Clément VI et du roi de France, Philippe de Valois, pour mettre fin à cette guerre.

La famille de Roquefeuil a donné plusieurs chevaliers de Malte, un grand-maître du même ordre, issu d'une branche espagnole, des grands d'Espagne, des ambassadeurs, des commandeurs et grand'croix de l'ordre de Saint-Louis. Elle a été maintenue dans sa noblesse par jugements de M. de Bezons, en date des 24 septembre et 4 novembre 1668 et 23 décembre 1669. Elle a obtenu les honneurs de la Cour en 1755 et 1771.

Voyez : *Pièces fugitives*, tome II, *jugements sur la noblesse*, page 257, et tome III, *jugements sur la noblesse*, page 118. — Lachenaye-Desbois, *Dictionnaire de la noblesse*, tome XII. — Généalogie de la maison de Roquefeuil dans l'*Histoire de la maison d'Auvergne et de Turenne*, par Justel. — Dom Vaissette, *Histoire du Languedoc*. — De Barrau, *Documents sur le Rouergue*. — *Spicilegium* de Dom Luc Achéry, bénédictin, VIII° volume. — *Procès-verbal de 1789*. — Basville, *Mémoires pour servir à l'histoire de Languedoc*.

DE ROUSSY.

Armes : D'azur, à la licorne d'or, au chef de même.

Lachenaye-Desbois donne les armes de la famille de Roussy établie, dit-il, depuis plusieurs générations dans le Bas-Languedoc.

Il existait, vers la fin du XIIIe siècle et le commencement du XIVe, une famille de Roussy dans la Haute-Auvergne.

On trouve ÉTIENNE et GÉRAUD DE ROUSSY, parmi les vassaux de la châtellenie de la Roquebrou, en 1281. M. Bouillet dit ne pouvoir assurer, d'une manière positive, que la famille de Roussy du Languedoc descend des vassaux de la châtellenie de la Roquebrou.

D'Aigrefeuille cite dans ses listes plusieurs conseillers-secrétaires du roi du nom de Roussy.

Voyez : Lachenaye-Desbois, tome XII, page 420.

— Bouillet, *Nobiliaire d'Auvergne*, tome V, page 467.
— Jouffroy d'Eschavannes, *Armorial universel*, t. II,
p. 369. — D'Aigrefeuille, *Histoire de Montpellier*.

—

DE SAPORTA.

Armes : D'azur, au portail d'or ; au chef cousu de gueules, chargé
d'un lion léopardé d'or.

Famille qui prouve son ascendance, dit
M. de Courcelles, depuis

Noble et égrège homme LOUIS SAPORTA,
Ier du nom, professeur royal en l'université
de Montpellier et premier médecin du roi
Charles VIII.

Voyez : De Courcelles, tome II, page 313. — Robert de Briançon, *Nobiliaire de Provence*. — Saint-
Allais, *Dictionnaire encyclopédique de la noblesse*,
tome II, page 321.

DE SERRES.

Armes : D'argent, au chevron d'azur chargé de trois trèfles d'or, et accompagné de trois trèfles du second émail.

L'*Histoire de Montpellier* fait mention, depuis le commencement du XVIIe siècle, de plusieurs conseillers et d'un président en la Cour des comptes du nom de Serres.

Jean-François-Antoine de Serres, ancien capitaine d'infanterie, lieutenant des maréchaux de France, chevalier de l'ordre royal et militaire de Saint-Louis, président en la Cour des comptes, aides et finances de Montpellier, fut présent à l'assemblée de la noblesse de la sénéchaussée de Montpellier, convoquée en 1789, pour la députation aux États-Généraux du royaume.

Voyez : D'Aigrefeuille, *Histoire de Montpellier*, liste des officiers près la Cour des comptes, aides et finances. — Saint-Allais, *Nobiliaire univ. de France*, tome IX, page 431. — *Procès-verbal de 1789.*

SOLIGNAC.

Armes :

SOLIGNAC (JEAN-BAPTISTE), général de division, chevalier de Saint-Louis, grand-officier de la Légion d'honneur, commandeur de l'ordre de la Couronne de fer d'Italie, grand'croix de l'ordre de la Tour et de l'Épée de Portugal, nommé baron par l'empereur Napoléon Ier.

DE TARTERON.

Nous n'avons trouvé aucun renseignement sur cette famille.

DE TOURTOULON.

Armes : D'azur, à la tour crénelée d'argent, ouverte, ajourée et maçonnée de sable, surmontée d'un étendart de deux bandes ondoyantes d'argent, à la hampe d'or, et accompagnée de trois colombes, d'argent l'une contournée au canton droit du chef, les deux autres affrontées vis-à-vis le pied de la tour ; en pointe une molette d'éperon d'or.

Famille originaire d'Auvergne qui remonte, d'après les *Nobiliaires* de dom Coll et de Bouillet, à

ARMAND DE TOURTOULON, chevalier, seigneur de Tourtoulon, en 1284.

Lachenaye-Desbois en donne la généalogie depuis

RIGAL DE TOURTOULON qui souscrivit, en 1384 (1), une sentence arbitrale rendue entre Henri, comte de Rodez, et Astorg d'Aurillac.

---

(1) C'est par erreur que Lachenaye-Desbois donne à cette sentence la date de 1384. On peut voir dans l'ouvrage de M. de Barrau (tome I, page 723) et dans le *Nobiliaire d'Auvergne* de M. Bouillet que, en l'année 1284 et non 1384, Henri II, comte de Rodez, et Astorg VII d'Aurillac conclurent un traité sur sentence arbitrale pour terminer les contestations qui s'étaient élevées entre eux au sujet de divers fiefs.

Jean-David de Tourtoulon, baron de La Salle, se distingua au siége de Lyon, en 1793, par un trait de dévouement rapporté dans l'*Histoire de la Révolution* par Lacretelle, l'*Histoire du peuple de Lyon* par Balleydier, l'*Histoire de Lyon* par Montfalcon.

Cette famille a été maintenue dans sa noblesse par jugement de M. de Bezons, en date du 14 décembre 1668.

Branches existantes : 1º De Tourtoulon de La Salle (Montpellier),

2º De Tourtoulon de Serres (Toulouse et Montpellier).

Voyez : *Pièces fugitives*, tome II, *jugements sur la noblesse*, page 290, Nº 531. — Lachenaye-Desbois, *Dictionnaire de la noblesse*, tome XII, page 686. — Dom Coll, *Nobiliaire* manuscrit d'Auvergne. — Bouillet, *Nobiliaire d'Auvergne*, tome VI, page 394. — Borel d'Hauterive, *Annuaire de la noblesse*, année 1856. — *Procès-verbal de 1789*. — Saint-Allais, *Dictionnaire encyclopédique de la noblesse*, t. I. p. 349.

DE VALAT.

Armes : D'or, à un cafier de sinople, garni de son fruit de gueules, soutenu d'une terrasse de sable ; au chef d'azur, chargé de trois étoiles d'argent posées en fasce.

L'écu timbré d'un casque taré de profil, orné de ses lambrequins.

VALAT (CHARLES-ÉTIENNE), capitaine d'infanterie, chevalier de Saint-Louis, anobli le 13 décembre 1816.

Enregistré à la commission du sceau, registre N, folio 271. — Enregistré, en vertu de l'ordonnance de la Cour de Montpellier, le 20 février 1817. — Malbec, greffier, *signé*.

—

DE VERDELHAN DÉS MOLLES.

Armes : Écartelé : au 1er de sable, à une étoile d'argent ; au 2e d'azur, à trois coquilles d'or, posées 2 et 1 ; au 3e d'azur, à un lion d'or ; et au 4e de gueules, à 6 besants d'argent posés 3, 2 et 1.

La filiation de cette famille, établie par d'Hozier, remonte à

PIERRE VERDELHAN (*Petrus Verdelhani*), seigneur de Merveillac, qui rendit hommage le 21 juin 1376.

Pierre Verdelhan était seigneur des Molles, de Thonas et de la Bessède, en 1688, d'où le nom Des Molles.

Voyez : D'Hozier, 5e registre, 2e partie. — Saint-Allais, *Nobiliaire universel*, tome IX, page 8. — De Courcelles, *Dictionnaire de la noblesse*, t. II, p. 441.

VERNHETTE.

VERNHETTE (BLAISE-JOSEPH-HENRI-AMÉ-
DÉE), de Montjaux, préfet des Vosges, créé
vicomte en 1829.

Voyez : De Barrau, *Documents historiques et généalogiques sur le Rouergue*, tome I, page 198.

DE VICHET.

Armes : De gueules, au lion d'or, accompagné de trois grenades
d'argent, deux en fasce et une en pointe ; au chef cousu d'azur,
chargé d'un cor d'argent.

ALEXANDRE VICHET, conseiller du roi,
contrôleur-général du domaine de la généralité de Montpellier et pays de Roussillon,
demeurant à Nimes, a présenté ses armoiries
pour être enregistrées à l'armorial général de
France, le 8 avril 1697. (*Armor. manusc.*)

Jacques Vichet, trésorier de France, en 1715, premier consul de la ville de Montpellier, en 1737. (D'Aigrefeuille, *Histoire de Montpellier.*)

Voyez : D'Aigrefeuille, *Histoire de Montpellier,* liste des premiers consuls et trésoriers de France. — *Armorial* manuscrit de la bibliothèque de la ville, art. 119. — *Procès-verbal de l'assemblée de la noblesse de* 1789.

DE VILLARDI DE QUINSON DE MONTLAUR.

Armes : D'azur, au dextrochère armé d'argent, mouvant de sénestre et tenant une palme d'or (1).

« La famille de Villardy, qui a possédé, » en Provence, les terres et seigneuries

---

(1) Pithon-Curt, qui, dans son *Histoire de la noblesse du comtat Venaissin*, parle en plusieurs endroits de la maison de Villardi, lui donne pour armes : *D'azur, au bras vêtu d'argent, tenant une palme de sinople, au chef de gueules soutenu d'argent, chargé de deux étoiles d'or.*

» nobles de Quinson, Chailane, etc...., est
» originaire d'Italie.

» FRANÇOIS-RAYMOND DE VILLARDY, offi-
» cier-général dans les troupes du duc de
» Milan, Sforce II, épousa, le 24 novembre
» 1524, Isabelle Conti; il était fils de JOSEPH
» DE VILLARDY et de Christine Visconti, de
» Milan.

» François de Villardy, fils de François-
» Raymond, se retira à Avignon, à cause
» des troubles d'Italie. » (Artefeuil.)

La famille de Villardi de Quinson a pos-
sédé la ~~seigneurie~~ *marquisat* de Montlaur, en Languedoc, d'où le nom de Montlaur.

Voyez : Artefeuil, *Histoire héroïque de la noblesse de Provence,* tome II, page 499. — Pithon-Curt, *Histoire de la noblesse du comté Venaissin,* passim. — Jouffroy d'Eschavannes, *Armorial universel*, t. II. — *Procès-verbal de* 1789.

DE VILLIERS.

Armes : D'azur, à trois pattes de griffon d'or, posées deux et une.

On lit dans le tome I de l'*Armorial uni-versel* de M. Jouffroy d'Eschavannes : « *Vil-liers, en Champagne et en Angleterre,* » avec les armes que nous venons de dé-crire.

Nous n'avons pas trouvé cette famille de Villiers dans le procès-verbal de la recherche de la noblesse de Champagne faite en 1672 par M. de Caumartin.

VISSEQ DE LA PRADE.

Messieurs Jean-Charles-Albert Visseq et Marie-Casimir-Edmond Visseq se sont pourvus, auprès de M. le Garde-des-Sceaux, à l'effet d'obtenir l'autorisation d'ajouter à leur nom celui de leur propriété de La Prade.

Voyez : *Moniteur universel* du 20 avril 1852.

NOTA.

Nous nous voyons obligé, avant de terminer l'impression de ce livre, de répéter, pour répondre à des objections qui nous ont été faites, ce que nous avons déjà dit et même redit. Il eût été bon, peut-être, de l'inscrire en tête de chaque article, et de présenter notre pensée sous toutes ses faces, afin qu'elle pût s'adapter aux susceptibilités de chacun. Nous déclarons donc une dernière fois qu'une famille à laquelle nous ne donnons aucun titre, peut en avoir de très-beaux et de très-authentiques, tandis que les qualifications que nous avons jointes à certains noms, pourraient être contestables. Qu'il soit bien entendu par nos lecteurs, une bonne fois pour toutes, que notre but n'a été que d'établir l'origine et le plus ou moins d'*incontestabilité* de chaque famille, en citant les auteurs où elle se trouve mentionnée. En dehors de cela, tout ce que nous avons dit doit être considéré comme un simple renseignement, et ne saurait avoir l'importance d'un fait établi par des preuves.

EXPLICATION

DE

QUELQUES TERMES DU BLASON.

Nous avons pensé qu'il ne serait pas inutile, pour les personnes peu familiarisées avec le langage héraldique, d'expliquer les termes dont nous nous sommes servi dans la description des armoiries contenues dans cet ouvrage.

A

ABAISSÉ se dit des pièces placées plus bas dans l'écu qu'elles ne le sont ordinairement. Le *chef* peut être *abaissé* au-dessous d'un autre chef; le pal, la bande, la barre, le chevron, qui ne montent pas jusqu'au sommet de l'écu, la fasce, qui n'en occupe pas le tiers moyen, sont dits *abaissés*. Un oiseau a le *vol abaissé* lorsque la pointe des ailes est tournée vers le bas.

ABIME. L'*abime* ou *cœur* est le centre de l'écu. Une pièce est posée en *abime* lorsqu'elle occupe ce point.

ACCOLÉ se dit : 1º de plusieurs pièces ou de plusieurs écus qui se touchent par les flancs ; 2º de l'écu entouré du cordon d'un ordre ; 3º des animaux qui ont un collier ; 4º d'une figure autour de laquelle une autre est enroulée. Ainsi, une colonne est quelquefois *accolée* d'un serpent ; un arbre, d'une vigne, etc.

ACCOMPAGNÉ. La pièce principale de l'écu est dite *accompagnée* de celles qui sont placées à côté, au-dessus ou au-dessous d'elle.

ACCOSTÉ, qui est accompagné de figures accessoires, en nombre pair, posées le long de ses côtés.

ADEXTRÉ, qui a une autre pièce à sa droite.

ADOSSÉ se dit de deux animaux placés dos à dos, et de tous les objets posés en pal, qui occupent une position analogue, comme les clefs, les marteaux, les haches, etc.

AFFRONTÉ, contraire du terme précédent.

AIGLE. Dans le blason, ce mot est du genre féminin. L'attitude de l'aigle héraldique est d'avoir les ailes ouvertes et étendues, les pointes relevées vers le haut ; la tête haute et tournée vers le côté droit de l'écu. — Elle peut avoir quelquefois le vol *abaissé* (voyez ce mot). L'aigle est dite *éployée* lorsqu'elle a deux têtes. — Il ne faut pas confondre, comme l'ont fait quelques héraldistes, les expressions *éployé* et *déployé*. Cette dernière s'applique aux ailes des oiseaux ouvertes et étendues. La première, d'après Paliot, indique que la tête et le cou de l'aigle ont été ouverts et séparés en deux, de manière à simuler deux cous et deux têtes distincts.

AIGLETTE. Aigle répétée plusieurs fois dans l'écu et d'une dimension plus petite.

AJOURÉ sert à indiquer les ouvertures d'une maison ou d'une tour, lorsque l'émail en est différent.

ALÉRION. Aiglette sans bec ni pattes : il a toujours le vol abaissé.

ALÉSÉ. Une pièce honorable est dite *alésée*, lorsque ses extrémités ne touchent pas le bord de l'écu.

ALLUMÉ indique, tantôt l'émail des yeux des animaux, tantôt celui de la flamme d'un flambeau ou d'un bûcher.

ANCRÉ, dont les extrémités se terminent en crochets, comme les ancres des navires.

ANILLE. Figure que quelques auteurs regardent comme le fer de moulin. On peut la comparer à deux crochets adossés, réunis par deux barres transversales.

ANNELET. Petit anneau.

APPOINTÉ, dont les pointes sont tournées les unes contre les autres.

ARGENT. Métal employé dans les armoiries. Dans la gravure, on le représente en blanc, c'est-à-dire sans aucune hachure.

ARMÉ s'emploie pour indiquer l'émail des ongles des animaux et des fers de flèche.

ARRACHÉ se dit des arbres dont on voit les racines, et des têtes ou membres d'animaux qui laissent pendre des lambeaux, au lieu d'être coupés net.

AVANT-MUR. Pan de muraille joint à une tour.

AZUR. Couleur bleu de ciel. On l'indique, dans la gravure des armoiries, par des lignes horizontales. — Quelques étymologistes font dériver ce mot du persan *laswerd* ou *lazourd*, d'autres de l'arabe *azul*.

B

BANDE. Pièce honorable du blason, traversant diagonalement l'écu de l'angle droit du chef à l'angle gauche de la pointe. La bande représente, dit-on, l'écharpe du chevalier passée sur l'épaule droite.

BANDÉ, divisé en un nombre pair de bandes égales d'un métal et d'une couleur alternés. Il ne faut pas confondre l'écu *bandé* avec l'écu chargé d'un certain nombre de bandes. Dans le premier cas, les pièces d'émail et de couleur sont en nombre égal et les deux bandes extrêmes sont d'un émail différent; de sorte qu'on ne peut déterminer celui qui doit être pris pour le champ. Dans le second cas, l'émail du champ

est facile à distinguer : il forme les deux pièces extrêmes et occupe ainsi une pièce de plus que celui qui
lui est superposé. La même distinction s'applique à
l'écu *barré*, *fascé*, *palé*, etc.

BAR ou BARBEAU. Poisson qui, dans le blason,
se met de profil, un peu courbé en quart de cercle.

BARBÉ s'emploie pour désigner l'émail de la barbe
des coqs et des dauphins.

BARRE. Pièce honorable semblable à la bande,
mais traversant l'écu diagonalement en sens inverse,
c'est-à-dire de la gauche du chef à la droite de la
pointe. Elle représente, comme la bande, l'écharpe
du chevalier, mais posée en sens inverse. Sa dimension, comme celle de presque toutes les pièces honorables, est du tiers de l'écu. Employée comme signe
de bâtardise, sa largeur doit être diminuée.

BARRÉ. Division en barres analogue au bandé.
(Voyez ce mot.)

BATON. Bande rétrécie plus que la cotice et moins
que le filet en bande. Il se met quelquefois en barre
comme signe de bâtardise.

BECQUÉ indique l'émail du bec des oiseaux.

BESANT. Figure ronde représentant une pièce de
monnaie, et pour cette raison toujours de métal. Il
diffère en cela du tourteau, qui est toujours de couleur. — On trouve quelquefois dans le blason des
besants-tourteaux, moitié de métal et moitié de couleur. La partie qui est de métal est placée à la droite

ou au-dessus de l'autre. Ils se posent toujours sur champ de couleur. Les *tourteaux-besants* sont aussi moitié de couleur et moitié de métal, mais ils offrent dans leurs émaux une disposition inverse, et se posent sur champ de métal.

BESANTÉ, semé de besants.

BILLETTE. Figure rectangulaire plus haute que large, représentant, d'après certains auteurs, des pièces de bois. On les pose quelquefois en bande ou en fasce.

BILLETÉ, semé de billettes.

BISSE. Serpent ondoyant mis ordinairement en pal.

BORDÉ se dit des pièces qui ont les bords d'un émail différent.

BORDURE. Pièce honorable qui touche les bords de l'écu, et entoure le champ. Elle doit avoir seulement le sixième de la largeur de l'écu. Les souverains l'ont quelquefois accordée comme marque de protection.

BOUCLÉ indique l'émail de la boucle des animaux, ou de l'anneau qui est passé dans les narines du buffle.

BOURDON. Bâton de pèlerin.

BOURDONNÉ, dont les extrémités sont terminées en forme de pomme comme les bourdons.

BOUTONNÉ indique l'émail du centre des fleurs

On dit quelquefois : Une fleur de lis *boutonnée*, au lieu de *florencée*.

BRETESSÉ se dit des pièces crénelées alternativement en haut et en bas.

BRISÉ, dont les extrémités sont rompues. Les armes sont dites *brisées*, lorsqu'elles ont subi quelque changement destiné à faire distinguer, dans une même famille, les branches cadettes de la branche aînée.

BRISURE. Changement dans les armes d'une famille pour indiquer les branches cadettes. La brisure peut se faire par le changement des pièces en conservant les émaux, ou réciproquement par le changement des émaux en conservant les pièces ; par le déplacement des pièces ; par l'augmentation ou la diminution de leur nombre ; par les partitions ou les écartelures, ou enfin par l'addition de quelque pièce. Ces deux derniers modes sont préférables, parce qu'ils n'altèrent presque pas les armoiries primitives. Les pièces telles que le *lambel*, la *bordure*, le *bâton péri*, le *canton*, qui permettent de conserver le blason à peu près intact, sont employées le plus ordinairement pour brisure.

BROCHANT, qui passe sur un objet et le couvre en partie.

BURELÉ, divisé en un nombre pair de burelles de deux émaux alternés. Le nombre des pièces est ordinairement de dix ou douze.

BURELLE. Fasce rétrécie, en nombre pair dans l'écu. Ce nombre doit dépasser quatre.

C

CANETTE. Petite cane ou oiseau posé de profil, les ailes serrées.

CANTON. Portion carrée de l'écu, plus petite que le *franc-quartier,* et qui se place le plus souvent à l'angle dextre du chef; quelquefois cependant à l'angle sénestre. Le *canton* compte au nombre des pièces héraldiques de second ordre. On appelle aussi *cantons* les quatre angles de l'écu et les quatre vides formés par une croix ou un sautoir.

CANTONNÉ se dit de la croix ou du sautoir accompagnés de pièces posées dans leurs cantons.

CARNATION, couleur de chair, s'emploie pour les figures d'hommes ou d'anges, et pour les parties du corps humain. Il n'existe point de signe destiné à faire reconnaître cette couleur dans la gravure.

CARREAU. Carré parfait figurant, comme les billettes, des pièces de bois.

CASQUE. Le casque ou *heaume* a servi avant les couronnes et sert encore aujourd'hui à timbrer les armoiries. Les casques doivent différer suivant les rangs et les dignités. Les empereurs et les rois portent le heaume d'or, damasquiné, taré (posé) de front, la visière entièrement ouverte et sans grilles. Celui des princes et des ducs souverains est pareil à celui des empereurs et des rois, mais moins ouvert ; ils peuvent y mettre onze grilles. Les princes et ducs non souverains le portent d'argent, de front, à neuf grilles d'or, les clous, bordures et diaprures de même ; les marquis, d'argent, de front, à sept grilles d'or ; les comtes et vicomtes, d'argent, taré aux deux tiers, à sept grilles d'or ; les barons et anciens gentilshommes, d'argent, aux deux tiers, à cinq grilles d'or ; les simples gentilshommes, d'acier poli, de profil, à trois grilles ; les nouveaux anoblis, de fer, taré de profil, la visière presque baissée ; les bâtards, aussi de fer, de profil, mais tourné vers la gauche de l'écu et la visière complétement baissée. Dans l'origine des armoiries, on ne faisait point ces distinctions, et presque tous les casques qui timbraient les armes étaient posés de profil. De nos jours, malgré les règles établies, on ne suit plus que sa fantaisie pour les casques comme pour les couronnes. Quoique le heaume ait été dans l'origine le signe distinctif de la noblesse d'épée, la noblesse de robe a fini par se l'arroger, et l'usage a consacré cette sorte d'usurpation.

CHABOT. Petit poisson de rivière à grosse tête, que l'on pose en pal, la tête en haut.

CHAMP. Fond de l'écu.

CHAMPAGNE. Pièce qui occupe le tiers inférieur de l'écu. Elle a été admise au nombre des pièces honorables sous l'empereur Napoléon Ier. Les armoiries accordées sous ce règne offrent d'assez fréquents

13

exemples de cette pièce, fort rarement employée avant cette époque.

CHAPERONNÉ se dit d'un oiseau de proie lorsqu'il a le chaperon en tête.

CHAPPÉ se dit de l'écu divisé de manière à former une espèce de triangle ou de chevron plein, dont le sommet aboutit au milieu du côté supérieur de l'écu. Ce triangle ou chevron plein représente le champ ; le reste de l'écu est ce qu'on appelle le *chappé*.

CHARGÉ se dit de toute pièce qui en porte d'autres.

CHATEAU. Forteresse jointe à deux tours.

CHAUSSÉ, contraire du *chappé*. Le sommet du triangle aboutit à la pointe de l'écu.

CHEF. Pièce honorable qui occupe le tiers supérieur de l'écu. On appelle aussi *chef* le haut de l'écu : c'est dans ce dernier sens que l'on dit d'une pièce qu'elle est posée en *chef*.

CHEVILLÉ se dit du bois du cerf pour indiquer le nombre d'andouillers de chaque branche.

CHEVRON. Pièce honorable qui a la forme d'un compas ouvert, dont les branches partiraient de chaque angle de la base, et viendraient se réunir un peu au-dessous du sommet de l'écu. Chaque branche du chevron a à peu près le tiers de la largeur de l'écu. Le chevron représente, d'après la plupart des auteurs, l'éperon des chevaliers ; d'après d'autres, une pièce de lice ou de clôture, une toiture de château ou une machine de guerre.

CHEVRONNÉ, divisé en un nombre pair de chevrons égaux, d'un métal et d'une couleur alternés.

CIMIER. Ornement extérieur des armoiries, que l'on place au-dessus du casque ou de la couronne. Les chevaliers, suivant un usage qui datait de la plus haute antiquité, plaçaient au sommet ou *cime* de leur casque des figures de monstres, d'animaux ou d'objets quelconques destinés à les faire reconnaître : c'est là l'origine du cimier des armoiries. Toutes les figures de l'écu, excepté les pièces purement héraldiques, du premier ou du second ordre, peuvent se placer en cimier. On change quelquefois cet ornement pour distinguer les diverses branches d'une famille. Dans les temps de la chevalerie, le cimier était une grande marque de noblesse; on le prenait à l'occasion des tournois, où l'on était obligé de faire ses preuves généalogiques. Les chevaliers qui avaient assisté à deux tournois, mettaient en cimier sur leur casque deux trompes ou cornes, que des héraldistes ont prises à tort pour des *proboscides* ou trompes d'éléphant.

CLARINÉ se dit d'un animal qui porte des sonnettes.

CLÉCHÉ, dont les extrémités sont arrondies en forme d'anneau de clé. L'étymologie de ce mot indique le sens que l'on doit lui donner, malgré certains héraldistes qui en font le synonyme de *vidé*.

COLLETÉ indique l'émail du collier des animaux.

COMBLE. Chef diminué; il doit être du neuvième de l'écu.

COMPONNÉ, composé d'une seule rangée de pièces carrées, dont les émaux sont alternés.

CONTOURNÉ se dit des animaux qui sont tournés vers la gauche de l'écu au lieu de l'être vers la droite, selon leur assiette ordinaire. Ce mot s'emploie aussi en parlant du croissant qui regarde la gauche.

CONTRE-BANDÉ, CONTRE-FASCÉ, CONTRE-PALÉ, etc., se dit d'un écu bandé, fascé, palé, etc., dont les pièces sont coupées par le milieu; de telle sorte que les émaux sont alternés et opposés.

CONTRE-ÉCARTELÉ se dit du quartier qui est lui-même écartelé.

CONTRE-HERMINE. Hermine dont les émaux sont substitués l'un à l'autre : le fond est de sable et les mouchetures sont d'argent.

CONTRE-PASSANT se dit de plusieurs animaux passant, les uns dans un sens, les autres dans l'autre.

CONTRE-VAIR. Vair dont les cloches de même émail se touchent par les pointes et par les bases.

COTICE. Bande rétrécie d'un tiers.

COTICÉ, divisé en nombre pair de cotices égales d'un métal et d'une couleur alternés. Le nombre des pièces est ordinairement de dix. On dit quelquefois qu'une *bande* est *coticée* lorsqu'elle est accostée de deux *cotices*.

COTOYÉ. Synonyme d'*accosté*.

COULEUR. Les couleurs admises dans les armoiries sont : l'*azur* ou bleu, le *gueules* ou rouge, le *sable* ou noir, le *sinople* ou vert, la *carnation* ou couleur de chair ; on emploie aussi, mais fort rarement, le *pourpre*. L'*orangé* est en usage seulement en Angleterre. (Pour les détails, voyez ces différents mots.) Une figure de couleur ne peut se placer que sur un champ ou une autre figure de métal ; il y a exception cependant pour la carnation et le pourpre que l'on pose indistinctement sur tous les émaux.

COULISSÉ, dont la herse ou coulisse est baissée.

COUPÉ, divisé en deux parties égales par un trait horizontal.

COUPEAU. Pointe de rocher.

COURONNE. La couronne sert généralement à timbrer les armoiries de la noblesse. Dans les tournois, les gentilshommes titrés placèrent, à l'imitation des rois, une couronne sur leur heaume. C'est là l'origine de cet ornement, qui d'abord accompagna le casque sur les armoiries. Il y a trois siècles environ que l'on commença à supprimer le casque et à poser la couronne immédiatement sur l'écu. De nos jours, c'est la manière la plus ordinaire de timbrer ses armes. Les couronnes doivent varier suivant les titres. Sans parler ici des couronnes des divers empereurs, rois et princes souverains, voici à quelles règles la noblesse devrait se soumettre : les ducs doivent porter la couronne d'or, surmontée de huit fleurons à feuille d'ache et enrichie de pierreries. Celle des marquis est surmontée de quatre fleurons séparés chacun par trois perles posées en forme de trèfle. Celle des comtes est surmontée de seize perles dont neuf sont visibles : chaque perle repose sur une pointe. Celle des vicomtes n'a que quatre grosses perles dont trois visibles et séparées le plus souvent par des perles plus petites. Celle des vidames est surmontée de quatre croix pattées. Celle des barons est un cercle d'or émaillé, autour duquel s'enroule six fois un chapelet de perles fines. La couronne des chevaliers bannerets, que l'on a rarement employée comme timbre, était un cercle d'or comme celui des barons, moins le chapelet de perles. Depuis longtemps déjà l'on ne suit plus aucune règle dans le choix des couronnes, et chacun choisit, pour timbrer ses armes, celle qui lui convient le mieux. Mais cet abus n'autorise pas un gentilhomme non titré à placer une couronne de comte ou de marquis sur son nom ou sur son chiffre, comme sur ses armes. Posée sur l'écu, elle est considérée de nos jours comme un simple ornement; il n'en est pas de même lorsqu'elle surmonte un nom ou un chiffre; elle est, dans ce dernier cas, l'indice d'un titre, et doit être réservée à ceux qui le portent réellement.

COUSU. La règle qui défend de mettre couleur sur couleur ou métal sur métal n'est pas toujours observée pour certaines partitions. On dit alors que les pièces qui violent cette règle sont *cousues*, pour indiquer qu'au lieu d'être posées sur le champ, elles lui sont seulement juxtà-posées, et ne le touchent que par les bords, comme deux étoffes cousues ensemble. Cette disposition se rencontre assez souvent pour le *chef,* la *champagne* et la *bordure;* elle est beaucoup plus rare pour les autres pièces honorables, telles que la *fasce,* la *bande,* le *pal,* etc. Ces pièces, lorsqu'elles sont alésées, et toutes les autres figures que l'on trouve dans les armoiries rentrent dans la règle ordinaire et constituent, lorsqu'elles s'en écartent, des armes fausses ou des armes *à enquerre.*

CRÉQUIER. Sorte d'arbre de forme imaginaire, ressemblant à un chandelier à sept branches. On a supposé que c'était le prunier sauvage.

CRI. Le *cri d'armes* ou *cri de guerre* servait à encourager les soldats et à les rallier autour de leur chef. Le *cri* était, tantôt une invocation, tantôt un défi, tantôt une exhortation. Souvent les gentilshommes adoptaient pour cri le nom de leur famille ou de la maison d'où ils étaient sortis. Le *cri* se place ordinairement au-dessus de l'écu, tandis que la devise doit être posée au-dessous.

CROISETTE. Petite croix alésée : elle est souvent en nombre dans l'écu.

CROISSANT. Le croissant se représente ordinairement avec les pointes en haut; si la position est différente, on l'énonce en blasonnant.

D

DÉFENDU désigne l'émail des défenses du sanglier.

DE L'UN A L'AUTRE. Cette expression indique que l'écu, offrant des partitions de deux émaux différents, l'émail des figures dont elles sont chargées alterne avec l'émail des partitions, par exemple : Écartelé de gueules et d'or, à 4 étoiles *de l'un à l'autre*, signifie que chaque quartier de gueules est chargé d'une étoile d'or, et réciproquement chaque quartier d'or d'une étoile de gueules.

DE L'UN EN L'AUTRE indique qu'une pièce, posée sur deux partitions, est divisée par les mêmes émaux, mais en ordre inverse. Exemple : Coupé d'argent et de sable au lion *de l'un en l'autre*, indique que la partie du lion posée sur l'argent est de sable, tandis que la partie posée sur le sable est d'argent.

DEMI-VOL. Aile d'oiseau prise isolément. Le bout est ordinairement relevé vers l'angle sénestre du chef; il peut être *abaissé*, ce que l'on indique en blasonnant.

DENCHÉ, qui offre des dents pareilles à celles des scies.

DENTELÉ. Synonyme de *denché*.

DÉSARMÉ, privé de ses ongles.

DEVISE. Courte sentence que l'on place au-dessous

de l'écu. Elle fait souvent allusion aux armes, au nom de la famille ou à quelque action mémorable. Il y a des devises particulières et des devises héréditaires.

DEXTRE. Côté droit. Il faut remarquer que l'écu étant, en quelque sorte, personnifié, son côté droit est à la gauche de celui qui regarde.

DEXTROCHÈRE. Bras droit.

DIAPRÉ, damasquiné, orné de broderies.

DIFFAMÉ se dit du lion et du chien privés de leur queue.

DIVISE ou FASCE EN DIVISE. Fasce rétrécie de moitié, posée seule dans l'écu.

DONJONNÉ, surmonté de tourelles.

DRAGONNÉ, qui se termine en queue de dragon.

E

ÉCARTELÉ, divisé en quatre par deux lignes en croix. On écartèle quelquefois en sautoir, c'est-à-dire par deux lignes diagonales. Les deux quartiers opposés par les angles sont souvent semblables. On se sert assez fréquemment de l'écu écartelé pour rappeler une alliance; les armes principales de la maison occupent alors le premier et le quatrième quartier, et celles de la famille alliée le deuxième et le troisième.

ÉCHIQUETÉ, divisé en plusieurs rangées ou *tires* de pièces carrées, d'un émail et d'une couleur alternés. L'écu *échiqueté,* qui, d'après quelques héraldistes, est le symbole du champ de bataille, doit avoir six *tires* ou rangées de six carrés chacune, ce qui forme trente-six carrés. S'il y en a plus ou moins, il faut l'énoncer en blasonnant. Quinze carrés seulement forment ce qu'on appelle quinze points d'échiquier; neuf forment l'*équipollé.* (Voyez ce mot.) Les pièces échiquetées doivent l'être de plusieurs tires; une seule tire forme le *componné.*

ÉCIMÉ se dit du chevron dont la pointe est coupée.

ÉCU. L'écu des armoiries représente l'ancien bouclier sur lequel les guerriers faisaient peindre ou sculpter diverses figures emblématiques. Les gentilshommes qui se présentaient aux tournois, suspendaient leur écu aux tribunes du champ clos ou aux fenêtres des maisons voisines, afin que chacun pût blasonner, c'est-à-dire examiner, décrire et critiquer les armes de chaque chevalier : c'est ce qu'on appelait faire *fenestre.* La position de l'écu ainsi suspendu a donné naissance à l'ancien usage de le représenter incliné sur le côté droit, le casque posé sur l'angle sénestre du chef. L'ancien écu était à peu près triangulaire. De nos jours la forme en est tout à fait arbitraire; cependant l'écu dont on se sert le plus souvent est l'écu français. C'est un carré long dont les deux angles inférieurs sont arrondis, et qui offre une légère pointe au milieu de la base. Les seigneurs bannerets plaçaient leurs armes dans un écu en *bannière*, c'est-à-dire exactement carré comme une bannière. Cette forme est abandonnée depuis longtemps; la maison de Gontaut-Biron est la seule qui l'ait invariablement conservé. Les demoiselles et les veuves portaient leurs armes dans un écu en losange placé perpendiculairement sur la pointe. L'écu espagnol est, comme l'écu français, un carré long, mais tout à fait arrondi par le bas. La forme ronde ou ovale est assez usitée en Italie. L'écu allemand est un cartouche affectant diverses formes, ordinairement échancré, tantôt des deux côtés, tantôt d'un seul. La forme anglaise se rapproche de l'ovale, se terminant en haut par trois pointes. Quelques membres de la noblesse anglaise et surtout le clergé anglican adoptent la forme française, en l'évasant un peu vers le haut. Les peintres et les graveurs varient la forme de l'écu au gré de leur caprice, sans que cela constitue une faute contre les lois du blason.

EFFARÉ se dit du cheval cabré.

ÉMAIL Terme générique qui comprend les métaux, couleurs et fourrures employés dans le blason. Ce mot a été introduit dans le langage héraldique, parce que les armoiries se peignaient en émail sur les armures des chevaliers, sur les vases d'or ou d'argent, etc. Les deux seuls métaux en usage dans la peinture des armes sont l'or et l'argent; les couleurs sont l'*azur*, le *gueules*, le *sable*, le *sinople* et le *pourpre* (voyez ces mots); auxquelles on peut ajouter la *carnation* ou couleur de chair, la couleur naturelle avec laquelle on peint certains objets qui sont dits, dans ce cas, *au naturel ;* et enfin *l'orangé,* couleur uniquement employée en Angleterre. Les fourrures ou *pannes,* que quelques héraldistes séparent des émaux, sont : l'*hermine* et le *vair.* En intervertissant dans chacune d'elles l'ordre des émaux qui les composent, on obtient la *contre-hermine* et le *contre-vair.* Vers le milieu du XVIIe siècle, on commença, pour la première fois, à employer différents traits pour figurer les émaux sans l'aide de la peinture. — D'après certains héraldistes, chaque émail aurait une signification particulière, et serait l'emblême d'une idée ou d'un objet. Cette opinion, qui n'a aucun fondement, a été répandue par quelques vieux auteurs. Dans la disposition des émaux qui composent les armoiries, on doit suivre une règle qui ne souffre que de très-rares exceptions : c'est celle qui défend de mettre métal sur métal, couleur sur couleur ou fourrure sur fourrure. Les armes qui s'écartent de cette règle, constituent des armes fausses ou des armes à *en-querre.* (Voyez ce mot.) Pour les animaux qui ont la langue, les griffes, les pattes, le bec, ou qui portent une couronne d'un autre émail que le corps, l'émail de ces parties peut reposer indistinctement sur un fond de couleur ou de métal, sans s'astreindre à la règle générale. Le pourpre, la carnation et la couleur naturelle se posent indifféremment sur tous les émaux.

ÉMANCHÉ se dit des partitions ou pièces de l'écu,

qui entrent l'une dans l'autre par de grandes pointes de forme triangulaire.

EMMANCHÉ, qui a un manche d'un émail différent.

ENGRÊLÉ, bordé de petites dents dont les intervalles sont arrondis.

ENQUERRE. Vieux mot qui vient de *enquérir*, rechercher. Les armes à *enquerre* sont celles qui ont couleur sur couleur ou métal sur métal, parce que, dans ce cas, il faut s'*enquérir* de la cause qui a fait violer la règle fondamentale du blason.

ENTÉ se dit de deux parties de l'écu qui entrent l'une dans l'autre par des engrainures arrondies.

ÉPLOYÉ. L'aigle *éployée* est celle qui a deux têtes. Il ne faut pas confondre ce mot avec *déployé*. (Voyez *aigle*.)

ÉQUIPOLLÉ indique qu'un écu est divisé en neuf carrés égaux, cinq d'un émail et quatre d'un autre. On blasonne, dans ce cas : Cinq points de.... *équipollés* à quatre de....

ESSONIER. Double trescheur, souvent garni de fleurons en dehors et en dedans.

ESSORANT, ouvrant les ailes pour prendre son vol.

ÉTAI. Chevron diminué des deux tiers de sa largeur.

ÉTOILE. L'étoile n'a ordinairement que cinq *rais* ou rayons ; si elle en a davantage, il faut l'indiquer.

ÉVIDÉ, percé à jour ; qui laisse voir le champ à travers l'ouverture.

F

FAILLI se dit des chevrons dont les branches sont rompues.

FASCE. Pièce honorable qui traverse l'écu horizontalement par le milieu et en occupe le tiers. Elle représente la ceinture du chevalier.

FASCÉ, divisé en un nombre pair de fasces égales, de deux émaux alternés. Il y a ordinairement six pièces. Pour la différence qui existe entre un écu chargé de fasces et un écu fascé, voyez le mot *bandé*, qui exprime une division analogue de l'écu.

FEUILLÉ, dont les feuilles sont d'un émail différent.

FICHÉ se dit des croix, des pals qui sont aiguisés par le bas.

FILET. Le filet est une des pièces honorables réduite à sa plus petite épaisseur. Il y a le filet en bande, en barre, en pal, en fasce, en croix, etc.

FILIÈRE. Filet en bordure.

FLAMBOYANT se dit du pal ondé et aiguisé, s'élevant en forme de *flamme*.

FLANCHIS. Petit sautoir alésé.

FLANQUÉ se dit de l'écu chargé de deux arcs de

cercle dont les flancs de l'écu forment la corde. On appelle aussi *flanqué* l'écartelé en sautoir.

FLEUR DE LIS. Fleur imaginaire, dans laquelle on a cru reconnaître, tantôt des abeilles mal figurées, tantôt des fleurs de lotus, ou bien encore le fer de *l'angon,* espèce de javelot dont se servaient les Francs. Ne serait-il pas plus naturel de chercher l'origine de cette figure dans la fleur du lis, dont deux pétales sont recourbées en dehors, et que les peintres et les graveurs, par des modifications successives, ont amenée à la forme de la fleur de lis héraldique?

FLEURDELISÉ, terminé en fleur de lis.

FLEURON. Sorte de feuille découpée qui se rapproche quelquefois de la forme du trèfle. Les fleurons des couronnes de duc et de marquis rappellent la feuille d'ache.

FLEURONNÉ, orné de fleurons ou de trèfles.

FLORENCÉ signifie quelquefois fleurdelisé; d'autres fois, il indique une fleur de lis qui a des boutons entre ses feuilles.

FOI. Deux mains jointes ensemble, et posées en fasce.

FOURCHU se dit de la queue d'un animal divisée en deux.

FOURRURE. Les fourrures ou *pannes* sont des émaux composés d'un métal et d'une couleur. Il y a deux fourrures : *l'hermine* et le *vair.* Chacune d'elles peut subir une modification, en intervertissant l'ordre des deux émaux qui la composent ; on obtient ainsi la *contre-hermine* et le *contre-vair*.

FRANC-CANTON. Franc-quartier d'une surface plus petite.

FRANC-QUARTIER. Premier quartier de l'écu ou canton dextre du chef. La surface est un peu moindre que celle d'un quartier d'écartelure. Dans les armoiries de l'empire, on donne aussi le nom de *franc-quartier* au second quartier de l'écu, c'est-à-dire au canton sénestre du chef.

FRETTE. Treillage formé par quatre bâtons entrelacés, deux en bande et deux en barre.

FRETTÉ, couvert de bâtons entrelacés en sautoir. L'écu fretté se compose ordinairement de six bâtons.

FRUITÉ, chargé de fruits d'un autre émail.

FUSÉE. Losange effilée en forme de fuseau.

FUSELÉ, divisé en fusées d'un métal et d'une couleur alternés.

FUTÉ indique l'émail du tronc d'un arbre ou du bois d'une lance.

G

GAI se dit du cheval nu , sans selle ni bride.

GARNI indique l'émail de la garde d'une épée.

GIRON. Triangle partant du centre de l'écu. C'est l'un des quartiers du *gironné*.

GIRONNÉ. La réunion de l'*écartelé* en croix et de l'*écartelé* en sautoir divise l'écu en triangles égaux ou *girons*; l'écu est dit, dans ce cas, *gironné*. L'écu peut quelquefois être gironné de six , de dix ou même de douze pièces.

GRENADE. Ce fruit se représente couronné de petites pointes, la tige garnie de quelques feuilles et offrant au milieu une ouverture oblongue qui laisse voir les graines.

GRIFFON. Animal fabuleux qui a la tête , le poitrail et les ailes d'un aigle , et dont la partie inférieure est celle du lion. Il se représente toujours de profil et rampant.

GRILLES. Barreaux de la visière du casque.

GRILLET. Grelot.

GRILLETÉ, qui porte des grelots aux pattes; se dit des oiseaux de proie.

GRIMPANT, synonyme de *rampant ;* cette dernière expression est la plus usitée.

14

GUEULES, couleur rouge, se représente dans la gravure par des traits verticaux. — Ce mot tire son origine, d'après la plupart des étymologistes, de l'arabe *gul* ou *ghiul,* qui signifie rouge ou rose. Quelques auteurs cependant croient que cette expression vient de la couleur rouge de la *gueule* des animaux.

GUIVRE ou VIVRE. Serpent dévorant un enfant.

H

HABILLÉ sert à indiquer l'émail des voiles d'un vaisseau.

HACHURES. Traits qui indiquent les émaux dans la gravure des armoiries.

HAMEIDE. Figure composée de trois pièces de bois ou poutres alésées, mises en fasce, à peu de distance l'une de l'autre.

HAUSSÉ se dit des pièces principales quand elles sont plus hautes que leur position ordinaire.

HAUTE se dit de l'épée posée la pointe en haut.

HEAUME. Voyez *casque.*

HERMINE. Fourrure qui se représente par un fond d'argent, semé de mouchetures de sable élargies par le bas et offrant en haut une espèce de croix. On place ces mouchetures en quinconce sans trop les rapprocher. Au lieu de parsemer l'écu, elles sont quelquefois en petit nombre, et forment alors autant de pièces distinctes. — L'hermine est une espèce de martre qui, en hiver, a le corps d'une éclatante blancheur, excepté le bout de la queue qui est d'un noir luisant : plusieurs peaux d'hermine cousues ensemble offrent ainsi une surface blanche parsemée de mouchetures noires. Quelques héraldistes modernes, confondant la fausse hermine avec l'hermine vraie, prétendent que les mouchetures sont formées par de petits morceaux de peau d'agneau de Lombardie, destinés à faire ressortir la blancheur de la fourrure.

I

ISSANT se dit d'un animal dont on ne voit que la tête et une petite partie du corps, et qui paraît sortir, soit du bas de l'écu, soit de derrière une fasce ou un meuble héraldique quelconque. On trouve souvent des lions *issants* en chef, c'est-à-dire, qui paraissent sortir du bord inférieur du chef. Un animal *issant* diffère d'un animal *naissant* en ce que ce dernier montre toute la moitié supérieure du corps. Quelques héraldistes appliquent l'épithète de *naissant* à ceux qui, au lieu de toucher le bord inférieur de l'écu ou du chef, paraissent sortir du milieu du champ, ne montrant que la moitié supérieure du corps.

J

JUMELLE. Figure formée de deux burelles ou fasces rétrécies, posées l'une près de l'autre.

L

LAMBEL. Sorte de trangle alésée à trois pendants ; s'il y en a un plus grand nombre, il faut le spécifier. Cette pièce, qui représente, comme l'indique son nom, un *lambel* ou lambeau d'étoffe, s'emploie rarement comme figure principale de l'écu ; elle sert le plus souvent de brisure aux branches cadettes.

LAMBREQUINS. Pièces d'étoffe découpées en forme de feuillage, qui accompagnent le casque, et servent d'ornement extérieur aux armoiries. Les lambrequins doivent cffrir les émaux de l'écu et de ses pièces principales. Par exception, ceux qui, dans les armoiries accordées par l'empereur Napoléon Ier, accompagnent la toque et descendent sur les côtés de l'écu, sont constamment d'or ou d'argent. — Les chevaliers couvraient leur casque d'une pièce d'étoffe aux couleurs de leurs armes, destinée à servir d'ornement et à empêcher l'acier de s'échauffer aux rayons du soleil. Cette sorte de coiffure, appelée *volet*, *capeline* ou *mantelet*, suivant sa largeur, était souvent, au retour des combats, tailladée et hachée de coups d'épée. C'est dans cette étoffe, pendante en lambeaux, et devenue ainsi une marque d'honneur et de courage, qu'il faut chercher l'origine des lambrequins qui ornent le heaume des armoiries.

LAMPASSÉ se dit d'un quadrupède dont la langue est d'un émail différent du corps.

LANGUÉ indique, comme le précédent, l'émail de la langue ; il s'emploie plus particulièrement en parlant des oiseaux.

LÉOPARD. Quadrupède qui ne diffère du lion, dans le blason, qu'en ce que sa tête est toujours de front, de manière à montrer les deux yeux et les deux oreilles; sa queue, recourbée en S, doit avoir l'extrémité tournée en dehors. La position du léopard est d'être *passant ;* s'il est *rampant*, on l'appelle alors *lionné*.

LÉOPARDÉ se dit du lion qui, au lieu d'être *rampant* suivant sa position ordinaire, est *passant* comme le léopard. Sa tête posée de profil et le bouquet de sa queue tourné en dedans sont les seuls indices qui le fassent distinguer du léopard.

LÉVRIER. Le lévrier est le seul chien dont on désigne l'espèce dans le blason : il a toujours un collier.

LEVRON. Petit lévrier qui n'a pas de collier.

LICORNE. Cheval fabuleux dont le front est armé d'une corne.

LIÉ sert à indiquer l'émail du lien ou cordon qui attache ensemble plusieurs pièces.

LION. Quadrupède qui se représente toujours la tête de profil, la queue relevée et tournée en dedans. Cette dernière règle n'est pas toujours rigoureusement observée, et l'on représente souvent le lion avec le bouquet de la queue tourné en dehors. La position du lion est d'être *rampant;* on l'appelle *léopardé* lorsqu'il est *passant,* position qui est celle du léopard.

LIONNÉ se dit du léopard rampant comme le lion; on ne le distingue de ce dernier que par sa tête posée de front, et le bout de sa queue tourné en dehors.

LIS. Le lis avec sa forme naturelle est appelé *lis des jardins.*

LISTEL ou LISTON. Ruban ondoyant sur lequel on place la devise.

LORRÉ indique l'émail des nageoires du poisson.

LOSANGE. Pièce quadrilatère, un peu allongée, posée sur un des angles aigus.

LOSANGÉ, divisé en losanges d'un métal et d'une couleur alternés.

L'UN SUR L'AUTRE se dit de deux animaux passants, posés l'un au-dessus de l'autre, mais sans se toucher.

M

MACLE. Losange percée à jour au moyen d'une ouverture elle-même en losange.

MAÇONNÉ indique les traits de séparation entre les assises des pierres.

MAL-ORDONNÉ se dit de trois pièces dont l'une est en chef et les deux autres en pointe.

MANTELÉ diffère du *chappé* en ce que le triangle qui forme le champ ne monte que jusqu'à la moitié de l'écu et non jusqu'au haut.

MASSACRE. Crâne du cerf avec le bois.

MEMBRÉ indique l'émail des pattes des oiseaux.

MENU-VAIR. Vair dont les *tires* ou rangées dépassent le nombre de quatre.

MENU-VAIRÉ. Menu-vair composé d'autres émaux que l'argent et l'azur.

MERLETTE. Petit oiseau, sans pattes ni bec, toujours posé de profil. Les merlettes sont des oiseaux de passage que les Croisés prirent pour emblème de leurs expéditions lointaines. On les représente sans bec ni pattes pour indiquer, disent les vieux auteurs, les blessures reçues dans les combats.

MÉTAL. On n'emploie dans le blason que deux

métaux, l'or et l'argent. La règle défend de mettre métal sur métal, comme couleur sur couleur. Les exceptions constituent les armes fausses ou les armes à *enquerre*.

MEUBLE. Terme générique qui sert à désigner toutes les figures que l'on place sur le champ de l'écu.

MI-PARTI se dit d'un écu parti dont chaque division renferme la moitié d'une figure ou d'un écu. On dit, par exemple, *mi-parti* d'Angleterre et de France, pour indiquer que le premier parti renferme la moitié des armes d'Angleterre et le second la moitié des armes de France. *Parti* d'Angleterre et de France indiquerait que chacune de ces armoiries est renfermée en entier dans une division de l'écu.

MIRAILLÉ, bigarré, marqué de ronds d'un émail différent, comme les ailes d'un papillon.

MOLETTE est la partie de l'éperon en forme d'étoile. Dans le blason, elle diffère de l'étoile en ce qu'elle a six rais et est percée au milieu.

MONTANT se dit du croissant dont les pointes sont tournées vers le chef; c'est sa position ordinaire, et il n'est pas nécessaire de l'indiquer en blasonnant.

MORNÉ se dit d'un animal qui n'a ni bec, ni langue, ni griffes.

MOUVANT se dit des pièces qui touchent au chef, aux flancs ou à la pointe de l'écu et semblent en sortir.

N

NAISSANT, analogue du mot *issant*; il en diffère en ce que l'animal *naissant* montre une plus grande partie du corps que l'animal *issant*. Quelques auteurs emploient le mot *naissant* lorsque, au lieu de toucher la partie inférieure de l'écu ou le bord d'une pièce quelconque, un animal paraît sortir du milieu du champ de l'écu, en ne montrant que la partie supérieure du corps.

NATUREL. Les objets représentés avec les couleurs qui leur sont propres sont dits *au naturel*.

NÉBULÉ, ondulé en forme de nuées.

NOURRI se dit d'une plante dont le pied est coupé et dont on ne voit pas les racines. La fleur de lis au pied *nourri* est celle dont le pied ou partie inférieure est coupé.

O

OMBRE. Image qui n'est figurée qu'au trait, et à travers laquelle on voit le champ ou les pièces de l'écu. Quelques auteurs donnent le nom d'*ombre de soleil* au soleil de couleur.

OMBRÉ, marqué de teintes qui figurent les ombres.

ONDÉ s'applique aux fasces, aux bandes, au chevron, etc., dont les lignes sont sinueuses comme les ondes.

ONGLÉ indique l'émail des ongles des animaux.

OR. Métal employé dans le blason; il s'indique dans la gravure par un pointillé.

ORLE. Bordure rétrécie de moitié et séparée des bords de l'écu par une distance égale à sa largeur. On dit, par extension, qu'un certain nombre de figures sont posées en *orle,* lorsqu'elles font le tour de l'écu à une petite distance des bords.

OUVERT indique l'émail des portes et des fenêtres d'un château, d'une tour, etc.

P

PAIRLE. Pièce honorable qui ressemble à un Y à larges branches; c'est la réunion de la moitié supérieure de la bande et de la barre, avec la moitié inférieure du pal.

PAL. Pièce honorable qui traverse l'écu de haut en bas par le milieu, et qui a un tiers de sa largeur. Il représente la lance des chevaliers, une pièce de lice ou de clôture, ou bien le poteau, surmonté de l'écu armorié, que chaque seigneur haut-justicier faisait placer devant le pont-levis de son manoir.

PALÉ, divisé en un nombre pair de *pals* ou *paux* d'un métal et d'une couleur alternés. Les pièces sont ordinairement au nombre de six.

PAMÉ se dit d'un poisson qui a la gueule béante.

PAPELONNÉ. Division qui représente les ailes du papillon. L'écu *papelonné* est couvert de pièces arrondies et superposées comme des écailles de poisson ; le bord des écailles seul forme le *papelonné ;* l'intérieur est le champ de l'écu.

PARÉ se dit du bras habillé d'un autre émail que la main.

PARTI, divisé en deux parties égales par une ligne perpendiculaire de haut en bas.

PARTITION. Division de l'écu. Il y a quatre partitions principales de l'écu, qui sont : le *parti*, le *coupé*, le *tranché* et le *taillé*. De ces quatre partitions, combinées de différente sorte, résultent toutes les autres, telles que : le *tiercé*, l'*écartelé simple*, l'*écartelé de six*, *huit*, *dix*, *douze*, *seize quartiers*, l'*écartelé en sautoir*, le *gironné*, etc. On donne le nom de *sécantes partitions* ou *rebattements* à des combinaisons de figures régulières couvrant entièrement le champ de l'écu, et offrant toujours un métal et une couleur alternés. Les *sécantes partitions* sont en nombre indéterminé ; les principales sont : le *fascé*, le *palé*, le *bandé*, le *barré*, le *chevronné*, l'*échiqueté*, les *points équi-*

pollés, le *losangé*, le *fuselé*, le *fretté*, l'*émanché*, le *chaussé*, le *chappé*, le *mantelé*, le *flanqué*, le *papelonné*, etc. — L'usage de porter des vêtements partis de deux couleurs ou divisés, dans divers sens, en bandes de couleurs différentes, paraît avoir donné lieu aux partitions. Vulson de la Colombière prétend cependant qu'elles indiquent les coups d'épée donnés sur les boucliers. Quoiqu'il soit difficile de nos jours d'assigner une origine précise aux diverses figures héraldiques, qui souvent ne sont dues qu'au hasard ou au caprice, on peut remarquer que le blason semble avoir beaucoup emprunté au costume ; la règle même qui défend de poser couleur sur couleur ou métal sur métal, était observée dans les vêtements avant d'avoir passé dans la science héraldique.

PASSANT, qui semble passer ou marcher.

PATTÉ se dit de la croix dont les bras vont en s'élargissant.

PENDANT. Pièces pendantes au-dessous des lambels.

PERCÉ, ouvert à jour.

PÉRI, posé en abîme, se dit le plus souvent du bâton alésé, posé en bande, ou en barre, au centre de l'écu.

PIÈCE. Ce mot sert à désigner toutes les figures employées dans le blason, et plus particulièrement les figures dites *héraldiques*, formées de différents signes de convention, et en usage seulement dans les armoiries. On divise les pièces héraldiques, en pièces *honorables* ou de 1er ordre; en pièces *sous-honorables* ou de 2e ordre, et en pièces du 3e ordre. Il ne s'ensuit pas de cette classification que les pièces du 1er ordre soient réellement plus honorables que les autres, et que les armoiries où elles se trouvent soient les plus nobles : ce nom leur a été donné, soit parce qu'elles occupent une plus grande portion de l'écu, soit parce que, parmi les figures purement héraldiques, elles ont été le plus anciennement employées. Les pièces honorables sont au nombre de onze : le *chef*, le *pal*, la *fasce*, la *bande*, la *barre*, le *chevron*, la *croix*, le *sautoir*, le *pairle*, la *bordure* et le *franc-quartier*. Sous Napoléon Ier, on rangea la *champagne* parmi les pièces de 1er ordre, ce qui en élève le nombre à douze. Les pièces sous-honorables ou du 2e ordre, d'un usage plus récent et d'une dimension plus petite, et que beaucoup d'auteurs cependant ont rangées parmi les pièces du 1er ordre; sont : l'*orle*, le *trescheur* ou *essonnier*, le *giron*, le *canton*, la *pointe*, la *pile*. Parmi les pièces de 3e ordre, les principales sont : l'*émanché*, le *fretté*, l'*échiqueté*, les *points équipollés*, les *losanges*, les *fusées*, les *macles*, les *rustes*, les *besants*, les *tourteaux*, etc.

PIÉTÉ. Le pélican, s'ouvrant les flancs pour nourrir ses petits, est dit avec sa *piété*. Quelques auteurs appellent *piété* les petits du pélican; d'autres seulement les gouttes de sang.

PILE. Pointe renversée.

PLAINE. Champagne rétrécie.

PLEIN. On appelle armoiries pleines les armoiries sans brisure et sans écartelure, telles que doit les porter la branche aînée.

POINT. Carré comme ceux d'une table d'échiquier.

POINTE. Triangle isoscèle très-allongé, qui a sa base sur un côté de l'écu.

POMMETÉ, terminé par une boule ou pommeau.

POTENCÉ, terminé en potence ou en T.

POURPRE. Couleur très-peu employée dans le blason, et que quelques héraldistes ne veulent pas admettre. On ne s'en sert que pour peindre la couleur de certains fruits; on le représente dans la gravure par des lignes diagonales de gauche à droite, dans le sens de la barre; sa nuance n'est même pas bien déterminée; les uns lui donnent la teinte du vin; d'autres, et c'est le plus grand nombre, la couleur violette. Par exception, le pourpre peut se mettre indifféremment sur un fond de couleur ou de métal.

Q

QUARTIER. L'une des divisions de l'écu écartelé.

QUINTEFEUILLE. Fleur composée de cinq feuilles posées en cercle, et dont le centre est percé. C'est la fleur de pervenche.

R

RACCOURCI. Synonyme d'*alésé*.

RAIS. Pointes ou rayons des étoiles; traits de lumière qui partent du soleil, d'une escarboucle, etc.

RAMPANT, dressé sur ses pattes de derrière. C'est la position ordinaire du lion.

RANGÉ indique la position de plusieurs pièces posées l'une à côté de l'autre, sur une ligne horizontale.

REMPLI se dit d'une pièce ou figure évidée et pleine d'un autre émail.

RENCONTRE, tête d'animal posée de front, se dit particulièrement de la tête de bœuf.

RETRAIT se dit des pièces qui ne touchent qu'un seul des bords de l'écu.

ROC est l'ancien nom de la tour du jeu d'échecs; il se représente comme un Y dont les branches seraient recourbées en dehors.

ROMPU. Synonyme de *brisé*.

RUSTE. Losange dont le milieu est percé en rond.

S

SABLE, couleur noire, s'indique dans la gravure par des traits horizontaux et verticaux croisés. On donne généralement pour racine à ce mot l'allemand *zobel* ou le suédois *sabel*, qui signifie zibeline, martre noire. Quelques auteurs le font dériver de sable, terre noire et humide.

SAILLANT se dit du bélier, de la chèvre ou de la licorne dressés sur leurs pattes de derrière.

SAUTOIR. Pièce honorable composée de la bande et de la barre ; on l'appelle aussi *croix de Saint-André*. Ce n'est qu'une croix modifiée. Quelques auteurs veulent y reconnaître la représentation de l'étrier.

SEMÉ. Chargé de figures en nombre indéfini.

SÉNESTRE. Vieux mot qui signifie gauche ; il est encore employé dans ce sens dans l'art héraldique. Le côté sénestre de l'écu est à la droite de celui qui regarde.

SÉNESTRÉ. Accompagné du côté gauche.

SÉNESTROCHÈRE. Bras gauche.

SINOPLE. Couleur verte, représentée dans la gravure par des lignes diagonales de droite à gauche, dans le sens de la bande. Le sinople est plus rarement employé que l'azur, le gueules et le sable. Certains auteurs, se fondant sur ce que le vert est très-usité en Orient, croient que cette couleur n'a été introduite dans le blason que depuis les Croisades. Il est probable, en effet, que de cette époque date l'usage du sinople comme champ de l'écu, ou comme émail d'une pièce héraldique ; mais il est assez naturel de penser qu'il a été de tout temps employé pour indiquer, dans l'écusson, la couleur du feuillage d'un arbre ou d'une plante. Les étymologistes font dériver ce mot, les uns de l'arabe *stin*, herbe, verdure, et *bla*, blé naissant ; les autres du nom de la ville de Sinope ou Sinople, d'où l'on tirait une craie qui servait à faire la couleur verte.

SOMMÉ, surmonté.

SOUTENU. Supporté ; qui repose sur une autre pièce.

SUPPORTS. Figures d'hommes, d'animaux, d'êtres fantastiques ; quelquefois même, mais plus rarement, de choses inanimées, placées en dehors et sur les côtés de l'écu, et qui semblent le supporter. Quelques auteurs donnent le nom de *tenants* aux figures humaines, et celui de *supports* aux animaux naturels ou chimériques ; d'autres appellent *tenant* une figure d'homme ou d'animal, lorsqu'elle est seule placée sur un des côtés ou derrière l'écu. L'origine de ces ornements vient de l'usage où étaient les chevaliers de faire garder leur écu, dans les tournois, par leurs *varlets* ou *écuyers* revêtus de déguisements bizarres. On choisit le plus souvent pour *supports* les animaux qui figurent dans les armes. Les supports ne sont qu'un pur ornement que l'on peut changer, modifier ou supprimer à volonté. Toutes les armoiries des nobles peuvent en avoir ; mais on ne les indique, dans la description, que dans le cas où ils sont peu communs, et que la même famille les a toujours conservés sans modification, de telle manière qu'ils font presque partie de l'écu. Lorsque les supports ne sont pas indiqués, ce sont presque toujours des lions, des griffons ou des lévriers.

SUR-LE-TOUT se dit de l'écu posé sur les écartelures d'un autre, ou des pièces brochantes sur d'autres pièces.

T

TAILLÉ, divisé en deux parties égales par une ligne diagonale de gauche à droite, dans le sens de la barre

TARÉ, posé ; se dit du casque placé sur l'écu.

TENANT. Voyez *supports*.

TERRASSE, sol mouvant de la pointe de l'écu, se distingue de la plaine et de la champagne en ce qu'il offre des inégalités de terrain.

TIERCE. Figure composée de trois fasces rétrécies, posées les unes près des autres.

TIERCÉ, divisé en trois parties égales. L'écu peut être *tiercé* en pal, en fasce, en bande, en barre.

TIGÉ, représenté avec sa tige.

TIMBRE. Terme générique qui désigne tout ce que l'on pose immédiatement sur l'écu, et plus particulièrement le casque et la couronne.

TIMBRÉ se dit de l'écu surmonté d'un casque ou d'une couronne. Les nobles seuls ont le droit de porter des armoiries timbrées.

TIRE. Rangées horizontales de l'échiqueté ou du vair.

TOQUE. Timbre des armoiries concédées par l'empereur Napoléon Ier. Toutes les toques sont de velours noir ; celle des princes est retroussée de vair, avec porte-aigrette d'or, surmontée de sept plumes blanches ; celle des ducs, retroussée d'hermine, avec porte-aigrette d'or, sept plumes ; celle des comtes, retroussée de contre-hermine, porte-aigrette or et argent, cinq plumes ; celle des barons, retroussée de contre-vair, porte-aigrette d'argent, trois plumes ; celle des chevaliers, retroussée de sinople, surmontée d'une aigrette d'argent.

TOURNÉ se dit du croissant dont les pointes sont tournées vers le côté droit de l'écu.

TOURTEAU. Figure ronde toujours de couleur, et qui diffère en cela du besant qui est toujours de métal.

TRAIT. Synonyme de *tire*.

TRANCHÉ. Divisé en deux parties égales par un trait diagonal de droite à gauche, dans le sens de la bande.

TRANGLE. Fasce rétrécie de plus des deux tiers.

TRAVERSE. Barre rétrécie.

TRESCHEUR. Orle rétréci de moitié.

V

VAIR. Le vair est une fourrure héraldique composée de cloches d'argent et d'azur alternées, de manière que les pointes des cloches d'azur sont opposées aux pointes d'argent, et les bases de même. L'écu de vair doit offrir quatre tires ou rangées. La 1re et la 3e ont quatre pièces d'azur, trois d'argent et deux demi-pièces du même métal. C'est le contraire pour la 2e et la 4e tires dont les demi-pièces sont d'azur. Si le nombre des rangées excède quatre, on l'appelle alors *menu-vair;* s'il est moindre au contraire, il prend le nom de *beffroy* et on spécifie le nombre de tires. On obtient la fourrure appelée *contre-vair*, lorsque les cloches de même émail sont opposées par les bases et par les pointes. Le *vair*, dont le nom vient du latin *varius*, bigarré, représentait dans l'origine la fourrure d'une espèce de petit-gris à dos gris et à ventre blanc. Plusieurs peaux de petit-gris réunies forment ainsi un assemblage de plaques de la forme d'un U allongé, alternativement blanches et grises.

VAIRÉ. Vair dont les cloches sont composées d'autres émaux qu'argent et azur.

VERGETÉ, palé de plus de huit pièces.

VERGETTE. Pal rétréci des deux tiers au moins.

VERSÉ. Synonyme de *renversé*. Le croissant *versé* est celui dont les pointes regardent le bas de l'écu.

VÊTU se dit de l'écu divisé de telle manière, que la partie du champ qui est apparente, a la forme d'une grande losange dont chaque angle touche le milieu d'un des côtés.

VIDÉ, percé à jour, de manière à ce qu'on aperçoive au travers le champ de l'écu.

VIVRÉ se dit d'une pièce à sinuosités qui forment des angles saillants et rentrants.

VOL. Ailes d'oiseau posées de face, les bouts relevés vers le haut de l'écu. Une seule aile s'appelle *demi-vol*.

FIN.

TABLE DES FAMILLES

DONT LES ARTICLES SONT CONTENUS DANS
CET OUVRAGE.

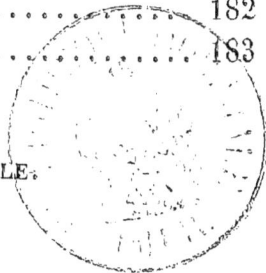

FIN DE LA TABLE.

ADDITIONS AUX NOTES

POUR SERVIR A UN

NOBILIAIRE DE MONTPELLIER.

———◦◦∙⦂∙◦◦———

DE BÉNAVENT.

(Addition à l'article de la page 75.)

Afin de constater les liens de parenté qui existaient entre les maisons de Rodez et de Bénavent, nous devons mentionner ici, avec M. de Barrau, le testament de Hugues IV, comte de Rodez, en date du 24 août 1271.

Par cet acte, Hugues IV appelle à recueillir sa succession, au défaut de ses enfants, Henri de Bénavent, son cousin (*consanguineum meum*). L'original de ce testament existe aux archives du bureau des finances de Montauban.

Voyez : De Barrau, *Documents sur le Rouergue*, tome II.

DE BOSSUGES.

Armes : De gueules, au taureau d'or passant au pied d'un chêne à deux branches entrelacées d'argent.

Famille originaire du Languedoc qui a prouvé sa filiation devant M. de Bezons depuis

PIERRE DUMAS, chevalier, qui rendit hommage le 3 des calendes de novembre 1300. Il fut père de

BERTRAN DUMAS *aliàs* DE BOSSUGES, damoiseau.

Jugement de maintenue de noblesse en date du 16 janvier 1669.

Voyez : *Pièces fugitives*, tome II ; *jugements sur la noblesse*, page 55, N° 101.

—

BRONDEL DE ROQUEVAIRE.

(Article à substituer à celui de la page 89.)

Armes : Écartelé : aux 1er et 4e de gueules à la tour d'argent maçonnée de sable ; aux 2e et 3e fascé de gueules et d'or, au chef d'argent chargé de trois chênes de sinople. Sur le tout : d'or au chêne de sinople mouvant d'une terrasse de même.

ALEXANDRE BRONDEL DE ROQUEVAIRE, baron de Fabrègues, seigneur de Mujolan, résidant à Fabrègues, a assisté à l'assemblée de la noblesse de la sénéchaussée de Montpellier, convoquée en 1789 pour la députation aux États-Généraux du royaume.

Voyez : *Procès-verbal de 1789.*

—

DURAND.

(Addition à l'article de la page 104.)

On trouve dans de Barrau, article *de Barbeyrac de Saint-Maurice* (t. II, page 169) : « Pauline-Marie de Barbeyrac, femme de Jean-Jacques-Louis Durand, seigneur de Lunel-Viel et de St-Just, président à la Cour des comptes de Montpellier. »

C'est cè Jean-Jacques-Louis Durand qui fut plus tard maire de Montpellier et mourut, victime de la révolution, le 12 janvier 1794.

DURRANC DE VIBRAC.

(Addition à l'article de la page 106.)

Ajouter aux deux chevaliers de Malte mentionnés à l'article de cette famille : Antoine Durranc de Vibrac, reçu en 1665.

Voyez : Vertot, *Histoire des chevaliers de Malte.*

—

FABRE DE ROUSSAC.

(Article à substituer à celui de la page 110.)

Armes : De gueules, au chevron d'or accompagné en chef de deux quintefeuilles d'argent, et en pointe d'un lion rampant du même.

L'écu timbré d'une toque de velours noir, retroussée de contre-vair, avec porte-aigrette en argent, surmontée de trois plumes, accompagnée de deux lambrequins d'argent.

JEAN-MARIE-NOEL FABRE, Procureur-général en la Cour impériale de Montpellier,

*

membre de la Légion d'honneur, né à Florensac, nommé chevalier, par l'empereur Napoléon Iᵉʳ, le 1ᵉʳ novembre 1809, et baron de l'empire le 6 octobre 1810.

Il reçut le 13 avril 1816, du roi Louis XVIII, de nouvelles lettres patentes de baron, enregistrées à la commission du sceau, registre R, folio 139, et à la Cour de Montpellier le 31 mai 1816.

***

DE JACQUET DE BRAY.

(Rectification et addition à l'article de la page 193.)

Le nom de cette famille est de *Jacquet* et non pas de *Jacquels*, comme nous l'avons écrit, par erreur, sur la foi de Saint-Allais.

Jean-Bernard de Jacquet épousa, le 30 juin 1729, Anne de Bray, fille unique de Jean-Baptiste-Joseph Bray, conseiller du roi, professeur en droit en l'Université de Montpellier, et de Marie de Jacquet, d'où le nom de Bray.

—

DE LANGLADE.

(Addition à l'article de la page 133.)

On lit dans l'*Histoire de Nîmes* de Ménard : « Parmi les chevaliers des Arênes » qui prêtèrent ce serment (le serment de » fidélité à Raymond V, comte de Toulouse, » en 1161), on en trouve plusieurs qui » étaient de la première noblesse du pays, » et qui possédaient les principaux fiefs des » environs de Nîmes, tels que Pons de » Vézenobres, Guillaume de la Calmette, » BERTRAND DE LANGLADE....... »

L'*Histoire du Languedoc* fait aussi mention du même Bertrand de Langlade.

Dom Vaissette et Ménard citent encore Raymond de Langlade, chevalier des Arênes, en 120

Voyez : Dom Vaissette, *Histoire du Languedoc*, in-folio, tome II, page 501, et *preuves*, page 592. — Ménard, *Histoire de Nîmes*, tome I, pages 223, 258, et *preuves*, page 37 ; tome VI, page 14 ; tome VII, pages 604 et 615.

DE LIRON D'AIROLES.

(Article à substituer à celui de la page 134.)

Armes : De gueules, au lion d'argent ; au chef cousu d'azur, chargé de deux étoiles d'or.

Famille originaire du Languedoc.

« Un titre original possédé par la famille » de Liron d'Airoles, est une charte latine » de l'année 1353, par laquelle PHILIPPE » DE LIRON reconnaît tenir du roi Jean le » fief noble de La Rouvière-Kaouls, situé » près du mont Liron en Cévennes.....
» C'est en 1610 que cette famille, qui » avait réuni la totalité des droits féodaux

» de la seigneurie d'Airoles, prend la quali-
» fication de seigneur d'Airoles et autres
» lieux. » (*Livre d'or de la noblesse*, par
le marquis de Magny, 4ᵐᵉ registre, 1847).

Un jugement du Tribunal civil du Vigan,
rendu le 31 janvier 1855, sur production de
titres remontant à l'année 1633, et consta-
tant que les membres de cette famille étaient
qualifiés de *nobles* et de *seigneurs*, autorise
leurs descendants à reprendre leur nom patronymique qui est : *De Liron d'Airoles*.

—

DE LOYS.

Armes :

ÉTIENNE Loys était auditeur près la Cour
des comptes, aides et finances de Montpellier
en 1655, et conseiller près la même Cour en
1675.

D'Aigrefeuille fait mention de plusieurs

autres membres de cette famille dans ses listes des officiers près la Cour des comptes,
aides et finances.

Voyez : D'Aigrefeuille, *Histoire de Montpellier,*
liste des officiers près la Cour des comptes, aides et
finances. — *Procès-verbal de* 1789.

———

DE MELON.

(Addition à l'article de la page 144.)

Armes : Écartelé : aux 1er et 4e d'azur, à trois melons d'or posés 2
et 1 ; aux 2e et 3e de gueules, à deux croisettes d'or, au chef cousu
d'azur chargé de deux étoiles d'argent.

Balleydier, dans son *Histoire du peuple
de Lyon,* cite, parmi les victimes immolées
après le siége, François-Isidore de Melon,
colonel-adjudant de l'armée lyonnaise, âgé
de 21 ans, connu sous le nom de *général
Arnaud,* natif de Montpellier.

FIN.

MONTPELLIER,
Typographie de P. GROLLIER,
rue des Tondeurs, 9.

www.ingramcontent.com/pod-product-compliance
Lightning Source LLC
Chambersburg PA
CBHW070814270326
41927CB00010B/2416